EDGAR ABREU

PAIS QUE EDUCAM, FILHOS QUE PROSPERAM

Pais que educam, filhos que prosperam

1ª edição: Outubro 2025

Autor:
Edgar Abreu

Preparação de texto:
3GB Comunicação

Revisão:
Debora Capella
Luciana Moreira

Projeto gráfico:
Jéssica Wendy

Capa:
Rafael Brum

Impressão:
Plena Print

DADOS INTERNACIONAIS DE CATALOGAÇÃO NA PUBLICAÇÃO (CIP)

Abreu, Edgar
Pais que educam, filhos que prosperam : como ensinar seu filho a gastar com consciência, guardar com propósito e investir com coragem / Edgar Abreu. — Porto Alegre : Citadel, 2025.
304 p. : il., color.

ISBN 978-65-5047-591-8

1. Crianças – Educação financeira 2. Finanças pessoais I. Título

25-4408 CDD – 332.024

Angélica Ilacqua – Bibliotecária – CRB-8/7057

Produção editorial e distribuição:

CITADEL Grupo Editorial

contato@citadel.com.br
www.citadel.com.br

EDGAR ABREU

PAIS QUE EDUCAM, FILHOS QUE PROSPERAM

Como ensinar seu filho a gastar com consciência, guardar com propósito e investir com coragem

CITADEL
Grupo Editorial
2025

SUMÁRIO

PREFÁCIO

Que alegria receber do Edgar, em primeira mão, a obra *Pais que educam, filhos que prosperam*! É com imensa satisfação que escrevo estas palavras para apresentar uma obra que considero não apenas relevante, mas essencial para a construção de um futuro financeiro mais consciente para nossas famílias. Conheço Edgar Abreu há mais de uma década. Ao longo desse tempo, tive o privilégio de trabalhar junto e acompanhar sua trajetória, marcada por uma dedicação incansável à educação e uma capacidade ímpar de desmistificar o complexo, tornando-o acessível e inspirador.

Nossas jornadas sempre convergiram para um ponto essencial: a crença inabalável no poder transformador do conhecimento. Compartilhamos a missão de impactar a sociedade, promovendo a evolução do pensamento e a liberdade de escolha, especialmente no campo das finanças. Edgar, com sua didática envolvente e sua habilidade de educar em larga escala, tem sido um parceiro valioso nessa empreitada, alcançando milhares de pessoas com lições que realmente fazem a diferença.

Em *Pais que educam, filhos que prosperam*, Edgar mergulha em um dos pilares mais críticos para o futuro de qualquer família: a educação financeira infantil. Lembro-me de quando escrevi *Pais inteligentes enriquecem seus filhos*, com a intenção de semear a ideia de que a prosperidade começa em casa, com valores, exemplos e uma visão de longo prazo.

Minha obra buscava acender a chama da consciência parental sobre a importância de preparar os filhos para um futuro financeiro sólido, abordando as bases de transformação dessa jornada.

A obra de Edgar, agora, surge com uma abordagem extremamente pragmática, um "como fazer" prático e sensível para essa missão. Ele não apenas reforça a necessidade de uma educação financeira desde cedo, mas, de forma magistral, oferece o mapa detalhado, as ferramentas e as estratégias para que essa chama se transforme em um fogo constante e bem direcionado. Edgar conduz o leitor por um caminho onde a educação financeira não atropela a infância, mas caminha lado a lado com ela, respeitando o tempo de cada criança e a individualidade de seus perfis.

A sagacidade de Edgar se revela na forma como ele desvenda conceitos complexos, como o "Fator de Desconto Interno", que explica por que alguns filhos são poupadores natos, e outros, gastadores impulsivos. Sua proposta de "PlayLearn Balance" é um convite a integrar o aprendizado financeiro ao cotidiano da criança, transformando brincadeiras em lições valiosas sobre economia, valor e criatividade. Particularmente, considero como um dos pontos fortes do livro as "Missões MoneyPlay", que oferecem atividades práticas que permitem aos pais observar e guiar seus filhos de forma lúdica e eficaz.

O livro também aborda de forma esclarecedora os desafios contemporâneos, como o "inimigo invisível" das redes sociais, influenciadores e jogos online, que moldam o comportamento de consumo de nossos filhos de maneiras sutis e poderosas. Edgar nos equipa com estratégias para blindar nossos pequenos sem isolá-los, cultivando o pensamento crítico e a autoestima em um mundo de estímulos constantes. A inclusão da inteligência artificial como aliada na educação financeira familiar é um toque de atualidade e pragmatismo que demonstra a visão de futuro do autor.

Educação financeira é muito mais do que números e planilhas, e isso fica claro na obra que você tem em mãos. Este livro é um convite à reflexão sobre o comportamento, a emoção e a formação do caráter financeiro desde cedo. É um guia para que pais e mães possam atuar como treinadores, e não gerentes, da vida financeira de seus filhos, ensinando-os a gastar com consciência, guardar com propósito e investir com coragem. A verdadeira riqueza, como bem sabemos, não se mede apenas em saldos bancários, mas na capacidade de viver com propósito, harmonia e, principalmente, liberdade de escolha.

Que esta obra seja um farol para pais e mães, um guia para que, juntos, possamos construir uma geração mais consciente, livre e próspera. Acredito que, ao aplicar os princípios e as ferramentas apresentadas por Edgar, estaremos não apenas enriquecendo o futuro financeiro de nossos filhos, mas, acima de tudo, fortalecendo os laços familiares e cultivando valores que perdurarão por toda a vida.

Com admiração e um convite à ação,

Gustavo Cerbasi (@gustavocerbasi)
Influenciador digital e escritor,
especialista em inteligência financeira

CAPÍTULO 1

COM QUEM SEU FILHO SE PARECE FINANCEIRAMENTE?

Pai, mãe…

ou nenhum

dos dois?

Quando nasce um filho, a primeira coisa que a gente faz é procurar traços familiares nele. "Olha o nariz, puxou do pai!" "O gênio forte é da mãe, certeza." "O sorriso é igualzinho ao do avô."

É natural. A gente quer se enxergar nos filhos. Quer entender a criança pela lente da genética ou da criação. E isso vale para quase tudo: aparência, temperamento, inteligência... até o jeito de andar.

Com o dinheiro não é diferente. Muitos pais – inclusive eu – tentam encontrar no comportamento financeiro dos filhos algum reflexo direto de si mesmos. "Ah, ela é gastadeira igual a mim." "Ele já quer guardar o dinheiro no cofrinho... puxou o avô, que era econômico." "Com essa cabeça de investimento, vai ser que nem o pai." Faz sentido pensar assim... até deixar de fazer.

Eu também acreditava que **o jeito que uma criança lida com o dinheiro era fruto direto da educação que recebe – ou no máximo, da herança comportamental da família**. Mas essa crença foi colocada à prova quando meus filhos nasceram. Gêmeos. Mesmo dia, mesma casa, mesmas oportunidades. Ainda assim, dois cérebros completamente diferentes quando o assunto é dinheiro.

Sou pai do Gabriel e do Guilherme – gêmeos, nascidos no mesmo dia, criados na mesma casa, com os mesmos valores, as mesmas regras e, claro, o mesmo pai (no caso, eu, que ensino finanças há mais de quinze anos). Mas quando o assunto é dinheiro... é como se fossem **opostos completos**.

O **Gabriel** é o poupador. Organizado, racional, disciplinado. Se ganha R$ 50, guarda R$ 40. Se ganha R$ 100, já está planejando onde investir. Faz planilhas, anota gastos, pergunta sobre rendimento e até sugere maneiras de "fazer o dinheiro trabalhar para ele".

O **Guilherme**, por outro lado, parece ter nascido com um código genético de urgência. Ganha e já quer gastar. **Se puder, gasta antes**

mesmo de receber. Seu maior foco? Jogos online. V-Bucks, Robux, gift cards, skins do Fortnite. A emoção de comprar algo virtual – mesmo que dure poucos segundos – vale mais para ele do que qualquer promessa de futuro.

Agora segure esta: os dois sempre receberam a mesma mesada. Mesmo valor. Mesmo formato. Mesmos combinados. Ambos com a mesma liberdade de gastar – e os mesmos gostos: tecnologia, jogos, experiências.

Depois de alguns anos, sabe quanto cada um conseguiu acumular?

- Gabriel: **R$ 14.406,30**
- Guilherme: **R$ 528,40**

Foi nesse momento que caiu a ficha. **Não se trata de quanto ganham, mas de como se comportam.** Mesmo ambiente. Mesmo incentivo. Mesmo pai que dá aula de finanças para adultos. Ainda assim, resultados absolutamente diferentes.

Aí nasceu a minha tese – e o que quero dividir com você neste livro: **cada criança tem um "Fator de Desconto Interno" – um termômetro invisível que determina o quanto ela valoriza o agora *versus* o depois**. E esse fator é mais importante que qualquer planilha, aula ou metodologia.

A missão dos pais, então, **não é forçar uma criança a se tornar o que ela não é**, mas, sim, **identificar esse fator** e trabalhar para que ela desenvolva uma relação mais equilibrada com o dinheiro – respeitando sua essência.

1.1 A TESE DO FATOR DE DESCONTO INTERNO

Você já parou para pensar por que algumas pessoas sentem prazer em correr cinco quilômetros bem cedo e outras preferem dormir até mais tarde, mesmo sabendo que a corrida faz bem? Ou por que algumas amam cozinhar como forma de relaxar, enquanto outras só de pensar em fazer o almoço já se estressam? Ou ainda: por que tem gente que **sente prazer em organizar uma planilha**, fazer lista, controlar os gastos – enquanto outros não suportam nem abrir o aplicativo do banco?

A resposta está em um detalhe invisível, mas poderoso: **a forma como cada cérebro processa recompensa**.

Toda vez que a gente faz algo que o nosso cérebro considera "bom", ele libera uma sensação gostosa – **dopamina**, prazer, aquela sensação de missão cumprida. Pode ser depois de comer um chocolate, de ouvir um elogio, de assistir a um episódio novo da sua série favorita ou de fechar o mês com dinheiro guardado.

Toda ação é seguida por uma recompensa emocional

Mas – e aqui está o pulo do gato – **essa recompensa é diferente para cada pessoa**.

Enquanto um se sente realizado por guardar dinheiro, outro só sente prazer se estiver gastando. Enquanto um se sente motivado quando vê o saldo aumentando, o outro só sente "vida acontecendo" quando está no shopping ou comprando uma nova skin do Fortnite. É como se cada um tivesse um **botão de recompensa instalado em um lugar diferente**.

Foi estudando esse comportamento que cheguei a um conceito que chamo de **Fator de Desconto Interno** – algo que, sem exagero, mudou a forma como educo meus filhos.

Mas, afinal, o que é o Fator de Desconto Interno?

É a **forma como cada pessoa (ou criança) enxerga o tempo entre a ação e a recompensa**. É o quanto ela está disposta a **esperar mais tempo por um benefício maior, ou a abrir mão de algo no futuro para ter uma recompensa agora**.

Em outras palavras:

- **Poupar** é quando a criança abre mão de uma recompensa agora (gastando) para ter algo maior no futuro.
- **Gastar** é quando ela abre mão de um futuro maior para viver o prazer agora.

E o cérebro recompensa **ambas as decisões**. Não existe certo ou errado – existe **como cada criança foi programada para se sentir bem**.

O **Gabriel**, por exemplo, sente prazer em ver o saldo aumentar. Ele guarda e comemora. O **Guilherme**, por outro lado, se sente "vivo" quando compra algo novo no jogo. É como se cada transação virtual ligasse o botão da felicidade.

E mesmo que os dois recebam a mesma educação, os mesmos conselhos, os mesmos incentivos – **a forma como o cérebro deles recompensa essas decisões é completamente diferente**.

E por que isso é tão importante?

Porque a maioria dos pais tenta educar os filhos **como se todos funcionassem do mesmo jeito**. Usam frases como:

- "Você tem que guardar!"
- "Não gaste tudo!"
- "Pense no amanhã!"

Mas esquecem que, para algumas crianças, **guardar dinheiro é tão doloroso quanto fazer uma dieta radical em plena festa de aniversário**. E, para outras, **gastar impulsivamente é tão desconfortável quanto quebrar o cofrinho e perder o controle**.

É por isso que eu afirmo, com segurança:

Antes de ensinar seu filho a mexer com o dinheiro, você precisa entender como ele sente o dinheiro.

Esse "sentir" vem do **Fator de Desconto Interno** – o nome bonito que damos para esse ajuste interno que cada um tem ao lidar com tempo, desejo, espera e recompensa.

ANTES DO “COMO” E DO “O QUÊ”, DESCUBRA O “PORQUÊ”

o quê

Se você está com este livro nas mãos, provavelmente está buscando respostas. Quer saber **o que fazer** para ensinar seu filho a lidar com dinheiro. E também **como fazer isso**: dar mesada? Ensinar a guardar? Falar de investimento?

Essa é a jornada da maioria dos pais. Eles começam perguntando:

- O que devo ensinar?
- Como explico juros, gastos, economia?

Mas raramente se fazem a pergunta mais importante de todas:

Por quê?

Por que você quer ensinar educação financeira para o seu filho?

Parece uma pergunta óbvia – mas ela é a base de tudo. É exatamente sobre isso que fala a teoria do **Golden Circle**, criada por Simon Sinek.

O Golden Circle: comece pelo "por quê"

Segundo Sinek, existem três níveis de consciência em qualquer projeto, ideia ou transformação:

1. **O QUÊ** – ***o produto final***

No nosso caso: "Quero que meu filho saiba lidar com dinheiro".

2. **COMO** – ***o método, a técnica, as ferramentas***

Por exemplo: "Vou dar mesada, usar cofrinho, mostrar uma planilha".

3. **POR QUÊ** – ***o propósito, o motivo profundo***

E é aqui que mora a mágica. Quando você encontra o "porquê", tudo faz sentido.

"Porque eu quero que meu filho tenha uma vida melhor que a minha." "Porque eu não quero que ele passe pelas mesmas dores financeiras que eu passei." "Porque eu não tive acesso a esse tipo de educação e sofri com isso."

Esse é o verdadeiro combustível da transformação. É o que vai mantê-lo firme mesmo quando seu filho não quiser aprender. É o que vai impedi-lo de desistir quando parecer que ele não entendeu nada. É o que vai transformar este livro em um **compromisso de futuro – e não apenas uma curiosidade passageira**.

Lembre-se das suas próprias dores

1. Você já teve que parcelar algo que não podia pagar?
2. Já teve que abrir mão de um sonho por falta de dinheiro?
3. Já se sentiu envergonhado por não entender termos financeiros que pareciam simples para os outros?
4. Já perdeu noites de sono preocupado com dívidas, contas, boletos?

Se sim, você já tem seu "por quê".

Você sabe o quanto dói viver sem educação financeira. Você sabe o quanto isso custa emocionalmente – e o quanto poderia ter sido diferente se alguém lhe tivesse ensinado lá atrás. Então, mais do que ensinar seu filho a economizar... Mais do que mostrar como investir...

Seu maior objetivo como pai ou mãe deve ser impedir que ele reviva as dores que você já viveu. E a melhor forma de fazer isso é **dando a ele o que você não teve: consciência, clareza, liberdade e responsabilidade com o dinheiro**.

Este livro não é só sobre finanças

É sobre **quebrar um ciclo**.

É sobre ensinar seu filho que dinheiro não é sorte, trauma ou tabu.

É ferramenta, é ponte, é decisão.

E essa jornada começa **por você**.

2.1 O MITO DO FILHO IDEAL: POR QUE COMPARAR ATRAPALHA MAIS DO QUE AJUDA

Todo pai ou mãe, em algum momento, já caiu na armadilha da comparação. Você vê o filho do seu amigo, de 10 anos, falando de investimentos, e pensa: *"O meu ainda acha que o cofrinho é só para fazer barulho"*. Você ouve de uma prima que a filha dela economizou o dinheiro da mesada e comprou um celular sozinha, e se pergunta: *"Onde foi que eu errei?"*. Ou pior: você compara os próprios filhos entre si. Um parece mais responsável; o outro, mais distraído. Um poupa, e o outro gasta. Um tem disciplina, e o outro vive no mundo da lua.

E aí surge o pensamento mais perigoso da educação: **"Por que ele não pode ser mais parecido com fulano?"**.

A resposta é simples: **porque ele não é fulano**. Seu filho não veio ao mundo para preencher sua expectativa. Ele veio para viver a própria jornada – e cabe a você, como pai ou mãe, **ajudá-lo a viver essa jornada com consciência, e não com cobrança**.

Comparação não educa, ela paralisa

A comparação cria dois problemas sérios:

1. **Desvaloriza quem seu filho é hoje**

   Ele começa a se sentir "errado", "menos", "atrasado".

2. **Planta uma meta inalcançável baseada no outro**

   Em vez de progredir, ele trava – porque sente que nunca será suficiente.

A comparação pode parecer inofensiva – até amorosa. Mas ela envia uma mensagem perigosa: *"Você só será bom o bastante quando for como o outro"*.

E quando o assunto é dinheiro, isso se torna ainda mais sensível. Porque **dinheiro está diretamente ligado à autoestima, à confiança e ao senso de capacidade.**

Seu filho não precisa seguir um roteiro; basta ter direção

Educar financeiramente um filho não é seguir um passo a passo mágico. Não existe um "modelo ideal de criança financeiramente bem-educada".

O que existe é **seu filho**, com sua personalidade, seu ritmo, seus gatilhos emocionais e sua forma única de se relacionar com o dinheiro.

Seu papel não é moldar o filho perfeito. **É dar direção ao filho real**.

Isso significa aceitar que:

- Seu filho pode levar mais tempo para entender o valor de poupar.
- Pode cometer os mesmos erros mais de uma vez.
- Pode não demonstrar interesse em planilhas, gráficos ou metas.
- E tudo bem.

Desde que ele esteja evoluindo, **mesmo que devagar, está no caminho certo**.

O que você pode fazer a partir de agora

- **Troque a comparação pela observação**
Em vez de pensar *"meu filho deveria ser como o fulano"*, pense: *"Quem é meu filho? Quais são seus gatilhos, seus padrões, suas virtudes?"*.
- **Troque a crítica pela curiosidade**
Em vez de perguntar *"por que você gastou tudo?"* com tom de julgamento, pergunte com interesse genuíno: *"O que te levou a tomar essa decisão?"*.
- **Troque a expectativa pela presença**
Seu filho não precisa de um manual. Precisa de um pai presente, observador, respeitoso e comprometido em ajudar – e não em corrigir.

Seu filho não veio para ser ideal

Veio para ser ele mesmo – e você é a melhor pessoa do mundo para ajudá-lo a evoluir como ele é.

A seguir, vamos mostrar como você pode assumir o papel de **treinador do comportamento financeiro do seu filho**. Sem fórmulas rígidas. Sem idealizações. Com paciência, estratégia e presença.

2.2 COMO SER TREINADOR, E NÃO GERENTE, DA VIDA FINANCEIRA DO SEU FILHO

Você já viu um treinador de futebol gritando com um jogador de 10 anos como se ele estivesse na final da Copa do Mundo? Infelizmente, é mais comum do que deveria.

Esse tipo de treinador não entende o papel que tem. Ele quer resultado imediato, perfeição, obediência cega. E quando o jogador erra, ele corrige com bronca, ameaça e castigo.

Agora pense no treinador que **acompanha, observa, orienta, estimula**. Que comemora as pequenas vitórias e transforma os erros em oportunidades de aprendizado.

Esse é o treinador que forma talentos de verdade. E é exatamente esse o papel que você, como pai ou mãe, precisa assumir na educação financeira do seu filho.

Pai gerente X pai treinador: qual você tem sido?

Vamos fazer uma comparação simples entre os dois papéis:

ATITUDE	PAI GERENTE	PAI TREINADOR
Estilo	Fiscalizador	Inspirador
Controle	Centraliza tudo	Dá autonomia com orientação
Foco	Resultado imediato	Evolução contínua
Reação ao erro	Bronca ou corte da mesada	Conversa e aprendizado
Relacionamento	Hierárquico	Colaborativo
Ferramenta principal	Regra	Observação + ajuste

O pai gerente quer ver o filho fazendo tudo certo, agora. O pai treinador entende que o processo é mais importante que o desempenho inicial. Porque o verdadeiro aprendizado não nasce do acerto. Ele nasce da prática constante.

Como agir como treinador na prática?

1. **Observe o comportamento antes de intervir**
    - O seu filho gasta por impulso? Ou porque está entediado? Ou porque imita os amigos?
    - O seu filho poupa por convicção? Ou por medo? Ou por insegurança?

2. **Estabeleça metas pequenas e comemore cada avanço**
    - Em vez de exigir "guarde metade da mesada", que tal começar com "guarde R$ 10 por mês"?
    - Celebre os pequenos progressos. Dê feedback. Mostre que ele está no caminho.

3. **Simule situações reais e deixe-o errar em ambiente seguro**
    - Deixe-o gastar mal, para depois conversar sobre as consequências.
    - Ajude a planejar compras, definir prioridades, comparar preços.

4. **Use a mesada como um laboratório de decisões**
    - A mesada não é uma recompensa. É uma ferramenta de treino.
    - É com ela que ele vai testar, errar, aprender, ajustar e crescer.

5. **Ensine com o exemplo, e não com o microgerenciamento**
   - Mostre como você lida com dinheiro. Fale de suas decisões, inclusive das que deram errado.
   - Dê espaço para que ele sinta que tem liberdade e apoio – e não apenas obrigação.

Lembre-se: seu filho não precisa ser perfeito

Mas **precisa sentir que pode contar com você para evoluir**.

Você não está aqui para garantir que ele nunca erre com dinheiro. Está aqui para garantir que ele **aprenda com cada erro** e ganhe confiança a cada pequena conquista.

No próximo capítulo, você terá acesso à primeira ferramenta prática do livro: um teste rápido e leve para ajudá-lo a identificar o perfil de comportamento do seu filho com o dinheiro.

Vamos juntos descobrir: **quem é seu filho nesse campo de treino chamado vida?**

2.3 FERRAMENTA PRÁTICA: DESCUBRA O PERFIL EMOCIONAL DO SEU FILHO COM O DINHEIRO

Agora que você já entendeu a importância de observar seu filho, de educar com base no comportamento e de agir como um treinador... Está na hora de colocar a teoria em prática.

Mas calma: você não vai precisar de planilha, calculadora, muito menos de conhecimento em psicologia.

Essa ferramenta é simples. E poderosa. Ela vai ajudá-lo a **entender quem é o seu filho financeiramente – e como ele se sente ao tomar decisões com dinheiro**.

O que você vai descobrir?

Com esse exercício, você vai começar a perceber:

- » Se seu filho tem mais prazer em **gastar ou guardar**.
- » Se ele é impulsivo, controlado ou ansioso com o dinheiro.
- » Se ele já demonstra sinais de um perfil **Gastão, Reserva** ou **Comedido**.

E o mais importante: você terá **clareza sobre como agir com ele daqui para a frente**, respeitando seu tempo e estimulando seu crescimento.

TESTE PRÁTICO: PERFIL EMOCIONAL DO SEU FILHO COM O DINHEIRO

Instruções: leia cada pergunta e responda com sinceridade, pensando no comportamento real do seu filho ou da sua filha nos últimos meses. Ao final, veja qual perfil mais se encaixa nas respostas.

1. Quando seu filho recebe dinheiro (mesada, presente, recompensa), o que ele faz primeiro?

a. Já pensa em onde vai gastar.
b. Guarda tudo imediatamente.
c. Pensa um pouco antes de decidir; às vezes gasta, às vezes guarda.

2. Como ele reage ao ver algo que deseja muito? (brinquedo, skin, lanche etc.)

a. Quer na hora, mesmo que não tenha o dinheiro.
b. Analisa, compara e decide se vale a pena.
c. Avalia se pode esperar até juntar ou pedir como presente.

3. Você já viu seu filho guardar dinheiro com um objetivo em mente?

a. Nunca. Ele sempre usa antes de juntar.
b. Sempre. Ele define o objetivo e cumpre.
c. Às vezes. Depende do que quer comprar.

4. Quando você fala de futuro (guardar, planejar, esperar), ele…

a. Fica impaciente.
b. Gosta da ideia.
c. Fica meio em dúvida, mas escuta.

5. Se o dinheiro acaba antes do fim do mês...

a. Ele pede mais.

b. Ele se vira.

c. Ele reclama, mas entende.

Resultado: qual é o perfil do seu filho?

Maioria A – João Gastão

Seu filho tende a ser mais impulsivo. Valoriza o agora, sente prazer em consumir e tem dificuldade de esperar.

Maioria B – Renata Reserva

Seu filho é um poupador nato. Gosta de guardar, sente prazer em ver o dinheiro crescer, mas pode ter dificuldade de aproveitar o presente.

Maioria C – Clara Comedida

Seu filho tem equilíbrio natural. Consegue gastar e guardar de forma ponderada, mesmo com pouca orientação.

Importante: não existe perfil certo ou errado

Esse teste **não é um rótulo. É um ponto de partida**. Nenhum perfil é melhor ou pior – todos têm pontos fortes e pontos que precisam ser desenvolvidos.

- O Gastão precisa aprender a olhar para o futuro.
- O Reserva precisa aprender a viver o presente.
- O Comedido precisa manter o equilíbrio sem medo de errar.

Todos os perfis precisam de ajuda, cuidado e orientação. E é exatamente isso que você vai aprender a oferecer.

No **Capítulo 11**, vamos aprofundar cada um desses perfis com exemplos práticos, estratégias específicas e formas de lidar com os desafios e as virtudes de cada criança.

Este primeiro capítulo tratou de **entender antes de ensinar**. Você descobriu que cada filho tem um jeito único de lidar com o dinheiro – e que isso depende não só da educação que recebe, mas também da forma como sente, reage e se recompensa.

Você conheceu o conceito do **Fator de Desconto Interno**, entendeu por que o **comportamento vem antes da educação** e descobriu que **seu papel não é moldar um filho ideal, mas treinar o filho real**.

Agora que você já sabe por onde começar – observando, respeitando e entendendo o perfil emocional do seu filho –, **estamos prontos para aprofundar a jornada**.

Nos próximos capítulos, vamos falar sobre algo fundamental: **como ensinar finanças sem roubar a infância**. Como equilibrar brincadeira e aprendizado sem transformar a educação financeira em uma planilha ambulante. Porque, se o seu filho não tiver prazer em aprender, não vai aprender nada – nem sobre dinheiro, nem sobre a vida.

No próximo capítulo, vamos falar do **PlayLearn Balance** – o ponto de equilíbrio entre brincar e aprender – e por que ele é a base de tudo.

Vamos juntos. O melhor ainda está por vir.

Pé no chão, olhos no futuro

O que você leva deste capítulo

- » Cada criança tem um comportamento financeiro único, mesmo que criadas no mesmo ambiente.
- » O **Fator de Desconto Interno** define como seu filho lida com o tempo entre desejo e recompensa.
- » O cérebro recompensa decisões financeiras de forma diferente em cada criança – não existe certo ou errado.
- » Antes de ensinar sobre dinheiro, você precisa entender **como seu filho sente o dinheiro**.
- » O seu "porquê" como pai ou mãe é o ponto de partida. Ensinar finanças é uma forma de **quebrar ciclos que você viveu na pele**.
- » Comparar seu filho com outros só atrasa o desenvolvimento dele – o foco deve ser em direção, e não em expectativa.
- » Você deve agir como **treinador**, e não como gerente. Corrigir com presença, ensinar com liberdade.
- » Existem perfis comportamentais como o **Gastão, o Reserva e o Comedido** – e todos precisam de cuidado.
- » Você agora tem um ponto de partida claro para observar seu filho – e, nos próximos capítulos, vai aprender a educá-lo com mais equilíbrio, leveza e consciência.

CAPÍTULO 3

PLAYLEARN BALANCE: O EQUILÍBRIO ENTRE BRINCAR E APRENDER

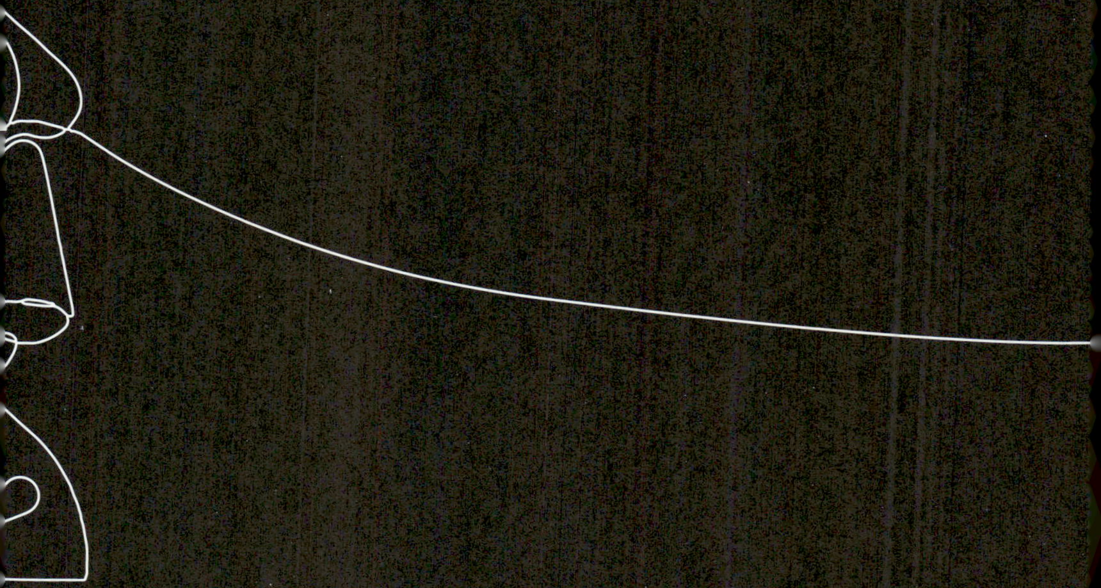

Ensinar sem pressionar.

Educar sem roubar a infância.

3.1 QUANDO ENSINAR DEMAIS VIRA PESO, E NÃO APRENDIZADO

Você provavelmente nunca ouviu falar neste termo: **PlayLearn Balance**. Isso porque ele é uma criação minha. E nasceu da dor. Uma dor que talvez você conheça muito bem.

Como adulto, você já deve ter se pegado tentando equilibrar a vida profissional com a vida pessoal. Tentando dar conta de tudo, ser produtivo, bater meta, crescer na carreira... Mas, ao mesmo tempo, **sentindo falta de estar mais presente com quem você ama**.

Quantas vezes você já estava no trabalho pensando que queria estar em casa, no sofá, com seus filhos? Quantas vezes você olhou a agenda lotada da semana e se perguntou se valia a pena?

Talvez você já tenha cogitado:

- Reduzir sua carga de trabalho.
- Recusar uma promoção.
- Trocar um emprego melhor por mais tempo com a família.

Mesmo que isso significasse ganhar menos. Só para poder **viver mais**. Isso é o que a gente chama de **Work-Life Balance** – o equilíbrio entre o trabalho e a vida. E foi olhando para isso que eu me perguntei:

Será que as crianças também não precisam do seu próprio equilíbrio?

Se os adultos precisam de equilíbrio, por que negamos isso às crianças?

Agora pare e pense com sinceridade: quantas atividades seu filho tem durante a semana?

- Escola de tempo integral
- Inglês
- Judô
- Futebol
- Balé
- Aula de música
- Reforço escolar
- Terapia
- E agora... aula de educação financeira

A pergunta que não quer calar: **sobrou tempo para ele ser criança?**

A gente cobra tanto equilíbrio da vida adulta... Mas **entrega rotina de executivo para crianças de 7 anos**. E sabe o que é mais curioso? Achamos que isso vai torná-las mais preparadas, mais competitivas, mais prontas para o futuro.

Mas me diga: as pessoas mais bem-sucedidas que você conhece – empreendedores, médicos, artistas, líderes, visionários – **será que tiveram uma agenda insana na infância?** Ou será que elas **foram apenas... crianças?**

O que forma uma mente brilhante não é uma rotina sobrecarregada. É um terreno fértil, onde brincar, errar, descansar e imaginar também fazem parte do currículo.

PlayLearn Balance: uma infância com tempo de ser e aprender

Foi daí que nasceu este conceito: **PlayLearn Balance é o equilíbrio entre ensinar e deixar brincar.** É a consciência de que **a educação financeira não deve atropelar a infância. Deve caminhar ao lado dela.**

- » Não é ensinar investimento antes de o filho entender o valor de uma figurinha.
- » Não é fazer planilha antes de ele aprender a contar o troco da cantina.
- » Não é exigir disciplina financeira antes de ele viver a liberdade de gastar mal – e aprender com isso.

Porque, assim como os adultos querem tempo para viver fora do trabalho... **as crianças também precisam de tempo para viver fora da agenda.** E nesse espaço onde elas respiram, brincam, exploram e erram – **é ali que mora o aprendizado mais poderoso de todos.**

3.2 O DIA EM QUE PERCEBI QUE EDUCAÇÃO FINANCEIRA NÃO PODIA ROUBAR A INFÂNCIA

Quando comecei esse projeto de educação financeira com meus filhos, confesso: estava cheio de ambições.

Na minha cabeça, aos 5 anos eles já entenderiam o que é investimento. Aos 7, estariam montando suas próprias carteiras de ações. E aos 10... bem, aos 10 eles já estariam operando na bolsa, talvez até fazendo umas operações estruturadas.

Ambição demais? Talvez. Mas, sinceramente, para mim aquilo parecia possível. Eu tinha um plano claro: **dar a eles tudo o que eu não tive.**

Queria poupá-los das dores que enfrentei. Queria que eles tivessem o que só fui aprender muito mais tarde. Queria que eles nunca tivessem medo de abrir o aplicativo do banco, como eu já tive um dia. Só não considerei um detalhe – como diria o grande Garrincha: *"Faltou combinar com os russos"*.

O primeiro obstáculo: tempo e comprometimento

O plano era matemático, lógico, estruturado. Mas esbarrou em algo que não cabia em planilha: **tempo.**

Educar financeiramente meus filhos exigia algo que eu havia subestimado. Exigia que **eu estivesse presente**. E, para isso, eu teria que abrir mão de algo que nunca foi fácil para mim: trabalho.

Para alguém que se considera workaholic, desacelerar não é simples. Reduzir horas de produção, abrir mão de uma reunião, dizer "não" para um projeto para dizer "sim" ao momento presente com meus filhos... Parece bonito no papel, mas é um desafio real. Precisei de sessões de terapia para entender que, a fim de ensinar o que eu queria, **eu teria de estar inteiro – não apenas disponível**.

O segundo obstáculo: não roubar deles o que eu tive

Enquanto eu queria dar a eles **o que não tive**, percebi que também estava tirando **o que eu tive de mais valioso**: a liberdade de ser criança.

Minha infância, lá no interior de Goiás, em Uruaçu, era simples. Brincar na rua. Perder o tampão do dedão jogando bola descalço. Fazer carrinho de rolimã com rolamentos velhos e madeira. Brincar de fazenda com bonecos feitos de manga e palito de dente.

Tínhamos pouco. Mas aquele "pouco" nos deu muito:

- » Criatividade
- » Socialização
- » Capacidade de se frustrar e tentar de novo
- » Noção de valor (mesmo sem falar de finanças)

E aí me perguntei:

Será que, ao tentar educar demais, eu não estava transformando aprendizado em obrigação? Será que, na tentativa de ensinar o que era importante para mim, eu não estava afastando meus filhos do que fazia sentido para eles?

Encontrando o verdadeiro PlayLearn Balance

Foi nesse ponto que entendi: **não dava para competir com a infância.**

Não fazia sentido transformar o aprendizado financeiro em mais uma tarefa do dia, em mais uma aula, em mais um compromisso. Eu precisava **encaixar a educação na vida real** – e não forçar a vida real a caber dentro da educação.

Comecei a adaptar. Fiz dos nossos momentos algo leve, intenso e rápido. Sem competir com videogame, com os amigos ou com a brincadeira. Pelo contrário – **fizemos a educação dialogar com tudo isso.**

- » Se estavam jogando, eu usava a lógica do jogo para falar de pontos, trocas e escolhas.
- » Se estavam no shopping, falava de decisão de compra, comparação e valor.

» Se queriam comprar algo no jogo, falava de desejo, tempo e paciência.

A gente não estudava finanças. A gente **vivia a educação financeira, em pílulas, no cotidiano**. E foi aí que funcionou.

3.3 ENSINAR SEM PESAR: COMO COLOCAR O PLAYLEARN BALANCE EM PRÁTICA

Você pode estar se perguntando: *"Ok, mas onde entra a educação financeira nisso tudo?"*.

A resposta é simples: **ela já está acontecendo o tempo todo**. Você só precisa **observar as oportunidades** e saber **aproveitá-las do jeito certo**.

Quer um exemplo? Lembra da época de colecionar figurinhas? Na minha infância, a gente jogava "bafo" no recreio. Não tínhamos dinheiro para comprar aquelas figurinhas adesivas, com cola pronta. Então aprendemos a fazer o nosso próprio "grude": farinha + água + improviso. Sem perceber, estávamos vivendo uma aula de economia criativa.

Se alguém tivesse me dito, naquela época, que aquilo era um jeito de economizar dinheiro, teria sido uma das lições mais valiosas da vida.

A verdade é que não faltam momentos para ensinar. Faltam adultos atentos para guiar.

Trocar figurinhas é negociar; ir ao cinema na segunda é estratégia

Outro exemplo clássico: a troca de figurinhas.

Quando uma criança troca uma repetida por uma que ainda não tem, ela está, na prática, **economizando dinheiro e aprendendo sobre valor**. Porque, em vez de comprar pacotes aleatórios e torcer para dar sorte, ela está usando o que já tem para chegar mais perto do que quer. Está entendendo escassez, oferta, demanda e até negociação – tudo isso no recreio.

Agora pense numa situação do cotidiano da família: **ir ao cinema**.

Quando decidimos ir ao cinema numa segunda-feira, depois da aula, essa foi uma escolha simples, mas com uma baita lição embutida. Os ingressos custavam quase metade do valor dos de um sábado à noite. A experiência era a mesma. A economia, real.

Ali, sem precisar dar sermão ou abrir uma planilha, eu estava ensinando:

- O que é **custo-benefício**.
- Como **o tempo influencia o preço**.
- E que **planejamento também é uma forma de economizar**.

Essas pequenas decisões, repetidas com leveza, **ensinam muito mais do que discursos**.

O primeiro passo com meus filhos

Na primeira vez que tentei ensinar alguma coisa sobre dinheiro para meus filhos, eles tinham só 3 anos. Mal falavam direito, mas já estavam aprendendo as cores. Como falar de dinheiro com alguém que nem entende o valor de uma moeda?

Criei uma brincadeira. Comprei cofres de várias cores e fichas plásticas coloridas. O jogo era simples: colocar cada ficha no cofre da mesma cor. Por fora, era uma atividade lúdica de reconhecimento visual. Por dentro, era o começo da **diversificação financeira**.

Aos poucos, comecei a contar histórias sobre os "cofrinhos":

- Um era para comprar algo logo.
- Outro era para juntar para uma viagem.
- Outro era para um desejo mais distante, como um brinquedo caro.

Sem saberem, meus filhos estavam aprendendo que **não se guarda tudo no mesmo lugar. Cada objetivo tem seu tempo. Cada tempo tem seu cofre**.

Comece leve; comece conectado

Educar financeiramente os filhos **não é um projeto técnico.** É um gesto de presença, escuta e intenção. Por isso, em vez de competir com o tempo da infância, encaixe o aprendizado nele.

Faça como eu fiz:

- Use momentos curtos.
- Conecte com o que eles já gostam.
- Nunca transforme o aprendizado em punição ou pressão.
- Ensine com o que a vida lhe dá – e com o tempo que você tem.

Porque, no fim das contas, **não se trata de formar mini-investidores.** Trata-se de formar **crianças conscientes. Livres. E financeiramente saudáveis**.

Pé no chão, olhos no futuro

O que você leva deste capítulo

- **PlayLearn Balance** é o equilíbrio entre ensinar sobre dinheiro e preservar a infância como espaço de leveza e descoberta.
- A educação financeira já está presente no dia a dia – você só precisa enxergar e aproveitar as oportunidades.
- Brincadeiras como trocar figurinhas ou fazer cola caseira carregam lições valiosas sobre economia, valor e criatividade.
- Ir ao cinema numa segunda-feira pode ser uma aula prática sobre custo-benefício e planejamento.
- A melhor forma de ensinar é **não competir com a infância,** mas usar a rotina, os interesses e os momentos espontâneos como ferramentas educativas.
- O primeiro passo não é transformar o filho em investidor, mas em alguém que **entende valor, escolhe com consciência e vive com equilíbrio**.

CAPÍTULO 4

O MAIOR EDUCADOR FINANCEIRO DO SEU FILHO ESTÁ NO ESPELHO

Antes de ensinar sobre dinheiro,
aprenda a estar presente.

4.1 O EXEMPLO QUE EDUCA SEM DIZER UMA PALAVRA

Imagine a cena: você vai ao consultório de um dentista que recomenda com muita seriedade: *"Você precisa escovar os dentes três vezes por dia, usar fio dental e evitar açúcar"*.

Tudo certo, conselho importante. Mas aí, quando ele sorri, você percebe... **Ele mesmo está com vários dentes faltando.**

Na mesma hora, o valor daquilo que ele falou despenca na sua cabeça, não é? O conselho pode até ser correto, mas a autoridade, a confiança, a credibilidade... **essas se perderam na prática.**

O mesmo acontece em outras áreas da vida:

- É difícil confiar num personal trainer visivelmente sedentário.
- É difícil acreditar num consultor financeiro que vive atolado em dívidas sem controle.

E adivinhe: o seu filho vê você da mesma forma.

O maior educador financeiro do seu filho está no espelho

Você pode fazer os melhores discursos sobre poupança, consumo consciente e responsabilidade financeira. Mas, se seu filho vê, todos os dias:

- Você gastando impulsivamente;
- Você reclamando de falta de dinheiro;
- Você se estressando com dívidas sem mostrar esforço para mudar.

As palavras perdem peso.

Na educação financeira, o exemplo não é opcional. É inevitável.

O que você vive **fala mais alto** do que o que você ensina.

Mas e se eu estiver passando por dificuldades financeiras?

Essa é uma dúvida legítima. E a resposta é: **tudo bem.**

Você não precisa ser milionário para educar financeiramente seu filho. Você não precisa estar com a conta bancária perfeita para ser um bom exemplo.

Aliás, existe uma vantagem: **o saldo bancário é sigiloso**. Você não precisa mostrar seu extrato bancário para ensinar boas práticas. O que importa não é o saldo na conta. É o **saldo emocional que você transmite**.

Se você está enfrentando dificuldades, pode usar isso como um exemplo ainda mais poderoso:

> *"Filho, papai e mamãe estão passando por um momento difícil. Parte disso foi porque lá atrás a gente não aprendeu tudo sobre dinheiro. Por isso queremos te ensinar agora, para que você tenha uma vida diferente, com mais segurança, liberdade e escolhas."*

Esse tipo de conversa **não gera vergonha**. Gera consciência. Gera respeito. Gera conexão.

Seu filho entende que errar faz parte. E aprende que ele tem o privilégio de começar melhor – com o apoio dos pais.

O comportamento ensina mais que qualquer lição

Seu filho aprende:

- » Quando vê você comparar preços antes de comprar.
- » Quando ouve você dizer "vamos esperar para comprar" com serenidade, e não com frustração.
- » Quando sente que as conversas sobre dinheiro são abertas e naturais, não carregadas de vergonha ou medo.

Você não precisa ser perfeito. Você precisa ser verdadeiro.

Atenção ao que você fala – e como você fala

Na educação financeira, três coisas educam ao mesmo tempo:

- » **O que você fala.**
- » **Quando você fala.**
- » **E, principalmente, como você fala.**

Você pode falar de dificuldades financeiras **de um jeito que inspire responsabilidade** – não medo. Pode falar de erros passados **como aprendizado** – não como fracasso.

O que define o impacto da mensagem não é a situação que você está vivendo. É **a maneira como você interpreta e comunica essa situação**.

4.2 O TEMPO COMO O INVESTIMENTO MAIS VALIOSO DA INFÂNCIA

Se existe algo que seu filho vai lembrar para sempre, não são as suas explicações sobre juros compostos. Nem as dicas sobre guardar parte da mesada. Ele vai lembrar do **tempo** ao seu lado. E do **significado** que esse tempo teve.

O tempo é o ativo mais valioso que você pode investir na vida de uma criança. Porque dinheiro perdido, a gente recupera. O tempo perdido… não volta.

Ensinar finanças é viver momentos, não fazer discursos

Quando a gente fala em educação financeira, muitos pais pensam:

> *"Preciso sentar e dar uma aula de orçamento." "Preciso fazer um workshop de investimentos infantis."*

Nada disso.
Seu filho aprende sobre dinheiro:

- Quando você o deixa escolher entre dois brinquedos, e não comprar três.
- Quando explica por que estão cozinhando em casa hoje, e não pedindo delivery.
- Quando planejam juntos uma viagem e conversam sobre os custos.

Educar financeiramente é infiltrar lições no cotidiano. É plantar sementes nos momentos mais simples da vida real.

Presença não é quantidade – é qualidade

Você pode trabalhar o dia inteiro e ainda ser um educador incrível. Pode ter pouco tempo livre – mas transformar esses minutos em experiências que ficam.

O que conta é **a qualidade da atenção que você oferece quando está junto**.

- Um olhar que acolhe.
- Uma pergunta feita na hora certa.
- Uma brincadeira que vira conversa sobre escolhas.

É nesses detalhes que a educação verdadeira acontece.

Tempo + intenção = educação real

Tempo sozinho não resolve. Estar presente fisicamente sem intenção é como estar ausente. O que transforma o tempo em investimento é a **intenção**:

- A intenção de observar, não apenas vigiar.
- A intenção de escutar, não apenas falar.
- A intenção de viver junto, não apenas ensinar de cima para baixo.

Ensinar finanças para crianças é, no fundo, ensinar a viver de forma consciente. E essa consciência nasce do jeito como você vive seus próprios momentos.

Se você chegou até aqui, parabéns.

Você não apenas começou um livro – você iniciou uma transformação. Nos últimos capítulos, enfrentamos juntos o maior desafio de todos: **olhar para dentro**.

Você entendeu que o seu filho não precisa de fórmulas prontas, mas, sim, de **presença, exemplo e intenção**.

Voltamos ao Golden Circle, lembra? Agora que você já se reconectou com o seu "**porquê**" – com a real motivação de querer educar seu filho financeiramente –, está na hora de entrarmos no "**o quê**" e no "**como**" ensinar.

Mas, antes, um aviso importante: nos próximos capítulos, vamos dividir a jornada por **faixas etárias**, da primeira infância à adolescência. E talvez você pense:

"Meu filho já tem 12 anos, será que preciso ler a parte de 3 a 5?".

A resposta é: **sim**.

Porque, mesmo que uma analogia como "o bichinho da nota de R$ 50" não funcione mais com um adolescente, **o conceito por trás dela ainda é fundamental para você entender como adaptar o ensino**.

Do mesmo jeito, se seu filho tem 4 anos, ler os capítulos de 10, 14 ou 16 também vai preparar você para o que está por vir.

Este livro não é uma cartilha cronológica. É um mapa. E conhecer todas as trilhas vai ajudá-lo a guiar seu filho com mais clareza, confiança e criatividade – não importa em que ponto da estrada ele esteja agora.

Nos próximos capítulos, vamos entrar **na prática**. Vamos ver o que ensinar, como ensinar, e – principalmente – como fazer isso **sem sufocar o presente, enquanto preparamos o futuro**.

Vamos nessa.

Pé no chão, olhos no futuro

O que você leva deste capítulo

- » Seu filho aprende muito mais com o que você **faz** do que com o que você **fala**.
- » Não é preciso ser financeiramente perfeito – basta ser coerente, honesto e intencional.
- » Mesmo em momentos de dificuldade, você pode usar sua história para ensinar com verdade e inspiração.
- » Cuidado com as mensagens contraditórias: quando o comportamento não acompanha o discurso, a educação se perde.
- » **O tempo é o ativo mais valioso da infância**. E, quando combinado com intenção, se torna a ferramenta mais poderosa de ensino.
- » Você não precisa de muito tempo, mas sim de **presença de verdade**: pequenas conversas no dia a dia geram grandes aprendizados.
- » Mais importante do que ensinar regras sobre dinheiro é mostrar, com atitudes, o que é ter uma vida consciente, equilibrada e com propósito.

CAPÍTULO 5

O QUE É DINHEIRO? E POR QUE ELE IMPORTA TANTO?

Ao longo dos próximos capítulos, você vai se deparar com uma marca especial: **MoneyPlay: Missão Pais e Filho**.

Essa é a parte prática do livro – o momento em que você sai da leitura e entra na ação. É aqui que você vai transformar conceito em experiência, aprendizado em memória, teoria em vínculo.

Mas, antes de começar, preciso lhe dar algumas orientações importantes.

O objetivo do MoneyPlay

O foco não é "testar" o seu filho. É **viver junto dele**. A ideia não é avaliar se ele aprendeu "certo" ou "errado", mas criar situações em que **ele possa experimentar o que foi ensinado com leveza, curiosidade e presença**.

Como usar o MoneyPlay na prática

» **Escolha um momento apropriado**
- Evite aplicar a atividade quando a criança estiver cansada, faminta ou irritada. O ideal é fazer em um horário tranquilo, sem distrações e sem pressa.

» **Não prolongue demais**
- Atividades práticas com crianças pequenas devem ser curtas e objetivas. Melhor dez minutos com foco e diversão do que trinta minutos arrastados.

» **Crie um ambiente seguro e sem julgamento**
- Não corrija tudo. Não critique decisões impulsivas. Lembre-se: **errar faz parte do aprendizado**. Observe, participe e depois converse.

» **Não precisa fazer todos de uma vez**
    - Cada MoneyPlay tem seu tempo. Escolha um por vez e aproveite a jornada.

» **Adapte conforme a idade e o momento**
    - Se seu filho for muito novo para entender tudo, simplifique. Se for mais velho, provoque com mais profundidade.

Um último recado

Não existe "melhor pai" ou "mãe perfeita". Existe aquele que se dispõe a estar junto, ensinar com intenção e aprender no caminho.

O MoneyPlay é isto: um convite para **sair do papel de educador e entrar no papel de parceiro.**

Vamos transformar essa missão em momentos reais? Então prepare-se... sua primeira **Missão Pais e Filho** está prestes a começar.

5.1 – ANTES DE GUARDAR, É PRECISO ENTENDER

A primeira relação que uma criança costuma ter com o dinheiro geralmente vem assim:

"Toma, meu amor, esse porquinho é para você guardar moedinhas!".

A frase vem carregada de carinho. É dita por um avô, uma avó, um padrinho, uma tia. Parece um gesto inofensivo, até educativo. Afinal, estamos incentivando o hábito de guardar, não é?

Só que não é bem assim.

Se o seu filho está colocando dinheiro dentro de um porquinho sem entender o que aquele dinheiro representa, existe uma boa chance de ele estar **guardando sem propósito.** Ou pior: aprendendo errado.

Antes de guardar, é preciso entender o que está sendo guardado

Fazer uma criança guardar dinheiro sem explicar o que é dinheiro é como pedir para ela repetir uma música em outra língua. Ela até pode cantar, decorar, repetir. Mas não sabe o que está dizendo.

E aqui vai o ponto mais importante:

Educação financeira não começa com o guardar. Começa com o entender.

É por isso que, antes de incentivar seu filho a poupar, você precisa ter clareza para responder – e explicar – perguntas que parecem simples, mas são fundamentais:

1. O que é dinheiro?
2. Por que precisamos de dinheiro?
3. Por que devemos poupar?
4. E uma pergunta curiosa, que pouca gente faz: **por que usamos um porquinho para guardar o dinheiro, e não um cachorro, um gato ou uma coruja?**

Talvez você saiba responder algumas delas. Mas pergunto: você conseguiria explicar isso de forma clara para uma criança de 3 a 5 anos?

Se a resposta for "não sei direito" ou "nunca pensei nisso", **fique tranquilo – é para isso que este capítulo existe.**

O erro é agir antes de ensinar

Se você chegou até aqui comigo, já entendeu uma coisa: **ensinar finanças não é decorar regras. É provocar entendimento**.

E é por isso que quero lhe propor uma mudança de rota.

Em vez de começar com o cofrinho, a mesada ou o "não gaste tudo", **vamos voltar algumas casas no tabuleiro** e ensinar o que vem antes disso. Porque guardar sem entender é decorar sem aprender. E esse não é o tipo de ensino que eu quero para você – muito menos para seu filho.

O que você vai encontrar a partir de agora

Neste capítulo, vou ajudá-lo a construir a base da consciência financeira na mente do seu filho.

Você vai aprender:

- Como explicar o que é o dinheiro.
- Como surgiu o escambo – e como transformar isso numa brincadeira prática.
- Por que algumas coisas são raras, mas não têm valor (e outras valem muito, mesmo sendo simples).
- Como fazer seu filho vivenciar o valor do dinheiro **na prática**, sentindo a diferença entre ter dinheiro e ter bens.

E tudo isso de um jeito leve, direto e 100% aplicável com crianças pequenas – daquelas que ainda estão aprendendo a contar, mas já conseguem aprender a pensar.

5.2 – DE ONDE VEM O DINHEIRO? (ESCAMBO, VALOR DE TROCA E SURGIMENTO DA MOEDA)

Antes de falar sobre como guardar ou gastar dinheiro, sempre gosto de voltar um pouco no tempo. E não estou falando de quando você era criança... estou falando de muito antes disso – da época em que o dinheiro **nem existia**.

Pode parecer que não tem a ver com seu filho agora, mas tem tudo a ver. Porque se queremos ensinar que o dinheiro **tem valor**, precisamos mostrar **de onde vem esse valor**.

O escambo: a origem das trocas

Muito antes de existirem moedas, cartões ou Pix, as pessoas trocavam coisas.

Quem tinha peixe trocava por trigo. Quem produzia leite trocava por lã. Essa troca direta de bens e serviços se chamava **escambo**. Era simples, mas tinha um problema: **nem sempre o que você tinha era o que o outro queria**.

Imagine que eu tenho bananas e quero trocar por uma rede. Mas o dono da rede não gosta de banana. E eu não tenho nada além disso. Pronto: **a troca trava**.

Foi aí que surgiu a ideia de um **meio de troca universal**. Algo que todo mundo aceitasse, fosse fácil de carregar e pudesse ser usado para adquirir qualquer coisa: o dinheiro.

Como explico isso para meus filhos?

Com criança pequena, não é possível dar aula de história econômica – mas dá para **brincar de trocar**.

Aqui em casa, uma das atividades que mais funcionaram foi usar **figurinhas, brinquedos ou até adesivos** repetidos.

Eu mostrei para eles que:

- » Quando trocam algo que têm em abundância por algo que querem, estão fazendo escambo.
- » E que nem sempre a troca é justa – porque depende do **desejo** e da **escassez**.

Ali, na prática, meus filhos começaram a entender o que é valor, o que é negociação, e que nem tudo tem o mesmo preço para todo mundo.

Raridade não é valor (e valor não é preço)

Outro ponto legal de ensinar é a diferença entre:

- » **O que é raro.**
- » **O que tem valor.**
- » **E o que as pessoas estão dispostas a pagar.**

Já vi isso com discos de vinil que tenho guardados. São raros, sim – mas pouca gente quer. Logo, não têm valor de mercado.

Agora, quando meus filhos tinham uma figurinha "lendária" do álbum da Copa, todo mundo queria. Aquilo virou moeda de troca. Eles **sentiram na pele** o que é **valor percebido**.

O que isso tem a ver com o dinheiro?

Tudo.

O dinheiro nasceu como uma solução prática para o problema do escambo. Ele permite que você não precise encontrar alguém que queira o que você tem.

Você vende, recebe dinheiro e usa esse dinheiro **em qualquer lugar, para qualquer coisa**.

Ensinar isso para uma criança pequena pode parecer difícil. Mas, quando você usa o universo dela – brinquedos, figurinhas, jogos –, o conceito entra de um jeito natural, lúdico, leve.

E é aí que a mágica da educação acontece.

MoneyPlay: Missão Pais e Filho

Missão #1 – O dia do escambo em família

Objetivo: ensinar ao seu filho a lógica da troca e o conceito de valor percebido.

Como aplicar:

1. Peça ao seu filho que separe três a cinco brinquedos, figurinhas ou objetos que ele não usa mais.
2. Separe você também alguns itens que possa "trocar".
3. Crie um "mercado da troca" em casa. Cada um pode propor trocas, negociar e recusar ofertas.
4. Quando a troca acabar, converse com ele:
   - O que foi fácil?
   - O que foi difícil?
   - Teve alguma troca injusta?
   - Por que ele quis trocar certos itens?

Importante:

- Não corrija nem oriente durante as trocas.
- Deixe-o viver a experiência primeiro – e só depois converse sobre o que aconteceu.

O que seu filho vai aprender com isso:

- Que valor é subjetivo.
- Que negociação faz parte da vida.
- Que trocar exige pensar – e nem sempre conseguimos tudo que queremos.
- Que **dinheiro é uma forma de simplificar as trocas** – e não o único jeito de adquirir algo.

O primeiro contato com as notas: uma viagem pelo dinheiro do Brasil

Se seu filho ainda é pequeno e está começando a entender o que é dinheiro, um ótimo ponto de partida é **apresentar as notas como personagens**. E não, eu não estou falando só dos números. Estou falando dos **bichos** que estampam cada uma delas.

- Tem **tartaruga-de-pente** na nota de R$ 2
- A **garça-branca-grande** na de R$ 5
- Uma **arara-vermelha** na de R$ 10
- Um **mico-leão-dourado** na de R$ 20
- A **onça-pintada**, símbolo de força, na de R$ 50
- A misteriosa **garoupa** na de R$ 100
- E, mais recentemente, o **lobo-guará** na de R$ 200

Esses animais não foram escolhidos por acaso. Eles representam a biodiversidade brasileira, a força da natureza, e, sim, têm histórias incríveis que ajudam a **dar vida ao dinheiro** – literalmente.

A educação financeira começa com o que a criança vê

Antes de ensinar como guardar ou gastar, sempre começo com algo mais simples: **apresentar o dinheiro como ele é**.

Mostrar o formato, as cores, os detalhes. Deixar a criança tocar, manusear, observar. Como qualquer nova linguagem, **a criança aprende melhor quando sente, explora e se diverte**.

E nesse processo, os animais se tornam **pontes naturais de aprendizado**.

Você pode transformar essa apresentação num momento de conversa:

- Onde vivem esses animais?
- Por que será que estão no dinheiro?
- O que acontece se eles sumirem do planeta?

A criança se conecta com aquilo que tem significado

Quando seu filho associa a nota de R$ 2 com a tartaruga-de-pente, não está apenas decorando. Ele está **relacionando o dinheiro com algo que tem cor, forma, história, movimento**.

Isso ativa a memória visual, emocional e construtiva. E torna o ato de aprender sobre dinheiro **mais humano, mais brasileiro e muito mais divertido.**

Curiosidade sobre o dinheiro

NOTA (R$)	ANIMAL	RESUMO SOBRE O ANIMAL	CURIOSIDADE
2	Tartaruga-de-pente	Espécie de tartaruga marinha encontrada no oceano Atlântico, conhecida por sua carapaça distintamente esculpida.	Suas placas da carapaça eram historicamente usadas para fazer pentes e outros objetos, daí seu nome.
5	Garça	Ave aquática de longo pescoço e pernas compridas, comum em zonas úmidas do Brasil.	Algumas espécies de garças mudam a cor de sua plumagem durante a estação reprodutiva.
10	Arara-vermelha	Uma das aves mais icônicas do Brasil, conhecida por sua plumagem vibrante e capacidade de voo.	Está na lista de espécies ameaçadas de extinção devido à perda de habitat e ao tráfico.
20	Mico-leão	Primata pequeno, endêmico das florestas brasileiras e conhecido por sua juba, que lembra a de um leão.	Existem quatro espécies de mico-leão, e todas estão ameaçadas de extinção.
50	Onça-pintada	O maior felino das Américas, símbolo da força e da biodiversidade do Brasil.	É um superpredador, está no topo da cadeia alimentar e desempenha um papel vital no equilíbrio dos ecossistemas em que habita.
100	Garoupa	Peixe de recifes, conhecido por seu corpo robusto e sua boca grande. Amplamente distribuído pelo Atlântico Ocidental.	Pode viver até cinquenta anos e é conhecida por mudar de sexo à medida que envelhece, começando como fêmea e se tornando macho.
200	Lobo-guará	Maior canídeo da América do Sul, de pernas longas e pelagem avermelhada.	Apesar da aparência, não é lobo nem raposa, é uma espécie única; gosta de frutos como o lobeiro (fruta-do-lobo).

Missão #2 – O zoológico das notas

Objetivo: apresentar o dinheiro como linguagem visual e afetiva, conectando valor com natureza e cultura brasileira.

Como aplicar:

1. Pegue notas reais (ou imprima imagens) e espalhe como se fossem cartas de um jogo.
2. Mostre cada animal e conte algo sobre ele:
   - Onde vive?
   - Está em extinção?
   - É terrestre, aquático ou voador?
3. Use vídeos curtos ou fotos reais dos animais para estimular a imaginação.
4. Faça perguntas simples:
   - "De qual animal você mais gostou?"
   - "Você sabia que esse bicho está no dinheiro do Brasil?"
   - "Será que ele vai existir quando você for adulto?"

Importante:

» Evite falar sobre valor das notas por enquanto. O foco aqui é **familiarização e vínculo simbólico.**

» Mantenha o tom leve, como se fosse um passeio por um zoológico mágico chamado "carteira".

O que seu filho vai aprender com isso:

- Reconhecimento visual das notas.
- Primeira relação emocional com o dinheiro.
- Introdução à fauna brasileira e à ideia de valor cultural e ecológico.
- Sensação de que o dinheiro também carrega histórias – não só números.

No próximo capítulo, vou lhe mostrar como usar essas mesmas notas para ensinar algo que as crianças demoram um pouquinho para entender: **o valor não está no tamanho, nem na quantidade. Está na equivalência**.

E aí, sim, a gente vai entrar no universo das trocas dentro do próprio sistema monetário – o que vale mais? Duas onças ou uma garoupa?

Vamos juntos?

5.3 – EQUIVALÊNCIA, VALOR PERCEBIDO E LIQUIDEZ

Agora que seu filho já reconhece o dinheiro, os animais e as cores das notas, chegou o momento de dar o próximo passo: **ensinar que quantidades diferentes podem representar o mesmo valor**.

Parece óbvio para nós, adultos. Mas, para a criança, isso é um verdadeiro desafio – e uma descoberta fascinante.

Antes de tudo: o que seu filho precisa saber para essa etapa?

Para essa fase da educação financeira, é importante que a criança já tenha algumas habilidades básicas:

- » Reconhecer números e associá-los às quantidades.
- » Saber fazer **adições simples** (ex.: 2 + 2, 5 + 5).
- » Ter alguma familiaridade com **subtração** (ex.: 10 - 3).
- » Entender o conceito de "juntar" ou "separar" unidades.

Se seu filho ainda não domina essas operações, tudo bem. Você pode usar esse momento para ensinar de forma prática e divertida, **unindo educação financeira e matemática básica.**

Aprendendo equivalência brincando com chocolate

Antes mesmo de usar o dinheiro, gosto de fazer uma brincadeira simples aqui em casa.

Pego duas opções:

- » **Uma barra inteira de chocolate**
- » **A mesma barra cortada em vários quadradinhos e colocada em um pote**

Então pergunto:

"Qual você prefere ganhar?"

A maioria das crianças – e muitos adultos também! – prefere o pote cheio de pedaços. Porque **parece mais. Tem mais volume. Mais impacto visual**.

Mas, quando juntamos os pedacinhos e montamos a barra de novo, fica claro que o volume aparente **não muda a quantidade real**.

Essa brincadeira ensina, de forma lúdica, que:

- » Aparência engana.
- » Quantidade visual não define valor.
- » Precisamos olhar além do que é óbvio.

Trazendo o conceito para o dinheiro

Depois da brincadeira com o chocolate, é hora de fazer o mesmo raciocínio com o dinheiro.

Mostre:

- » Cinco notas de R$ 2
- » Uma nota de R$ 10

E pergunte: *"Qual você acha que vale mais?"*.

Deixe a criança responder livremente. Não corrija de imediato. Depois, explique:

- » Que cinco notas de R$ 2 somam R$ 10.
- » E que uma nota de R$ 10 também representa R$ 10.
- » Apesar da diferença de quantidade, **o valor é o mesmo**.

Essa vivência ajuda a construir:

- **A noção de equivalência** (quantidades diferentes, mesmo valor).
- **O olhar crítico para aparência *versus* realidade.**

MoneyPlay: Missão Pais e Filho

Missão #3 – Montando o chocolate do valor

Objetivo: ensinar equivalência de valor visual e real de forma lúdica.

Como aplicar:

1. Pegue uma barra de chocolate comum.
2. Corte em vários quadradinhos (como aqueles que já vêm marcados).
3. Coloque os pedaços em um pote transparente.
4. Deixe outra barra igual, intacta, ao lado.
5. Pergunte ao seu filho:
   - "Qual parece ter mais chocolate?"
   - "Por quê?"
6. Depois, monte novamente a barra quebrada e mostre que **o volume é o mesmo**.

Extensão da brincadeira:

- Passe para o dinheiro: cinco notas de R$ 2 *versus* uma nota de R$ 10.
- Faça simulações de compras: "Você pode comprar o mesmo brinquedo usando qualquer uma das opções?".

O que seu filho vai aprender com isso:

- Nem sempre mais é mais.
- O valor real pode ser representado de formas diferentes.
- Aparência engana – e aprender a observar além da primeira impressão é uma habilidade poderosa para a vida.

Agora que você já entendeu a origem do dinheiro e o que ele representa, quero convidá-lo a colocar esse conceito em prática, de um jeito que seu filho possa **sentir na pele**.

Antes, um aviso importante: mais adiante no livro, vou lhe ensinar como definir, organizar e usar a mesada da forma correta. Aqui, quero apenas lhe apresentar uma experiência prática para **mostrar o efeito da liquidez**, sem ainda se preocupar com valores fixos ou regras.

A experiência da mesada sem dinheiro

Imagine que você dá R$ 50 de mesada ao seu filho.

Agora, quero lhe propor algo diferente: durante três meses seguidos, em vez de entregar o valor em dinheiro, você vai substituir a mesada por **bens de pouca liquidez**.

Pode ser:

- R$ 50 em pacotes de figurinhas, se ele gostar de colecionar.
- Um *gift card* de jogos online, se for fã de games.
- Um cartão-presente de uma loja de roupas ou acessórios, se curtir moda.
- Créditos para aplicativos de música, livros ou cinemas, dependendo do interesse.

O importante é que **a criança receba algo de valor semelhante,** mas que **não possa simplesmente usar para qualquer coisa a qualquer momento**.

Por que três meses?

Você pode se perguntar:

"Não seria suficiente fazer isso uma vez?"

E eu lhe respondo: não.

No primeiro mês, a criança pode achar divertido ou diferente. No segundo, começa a perceber as limitações. No terceiro, **sente na prática o desconforto real de não ter liberdade de escolha**.

Três meses é o tempo necessário para transformar percepção em consciência. É nessa repetição que o aprendizado se consolida.

Como responder às perguntas do seu filho

E pode apostar: a dúvida vai surgir.

> *"Pai, mãe... por que não estou recebendo dinheiro?" "Por que só ganhei esse vale-compras ou essas figurinhas?"*

Nessa hora, seja simples, direto e tranquilo. Responda algo como:

> *"Este mês, sua mesada veio em créditos no aplicativo." "O dinheiro foi transformado em ingressos para o cinema."*

E não avise antes. Deixe que a surpresa aconteça, como muitas vezes acontece na vida real.

O desconforto é parte essencial do aprendizado.

O desconforto da falta de liquidez

Depois dos três meses, espere alguns dias e chame seu filho para uma conversa reflexiva.

Pergunte:

- "Como você se sentiu nesses meses?"
- "Foi fácil usar os presentes para fazer o que queria?"
- "Sentiu falta de ter dinheiro em mãos?"

Explique que:

- Quando trocamos dinheiro por bens específicos, **limitamos nossas escolhas**.
- Se quisermos voltar a ter dinheiro, pode ser difícil – e às vezes, recebemos menos do que o valor original.
- O dinheiro facilita trocas e garante mais liberdade, enquanto os bens fixam nossas decisões.

Mostre que:

Dinheiro é como uma chave que abre muitas portas. Já os bens são chaves que abrem uma porta só – e, às vezes, nem sempre a que a gente quer.

MoneyPlay: Missão Pais e Filho

Missão #4 – A mesada transformada

Objetivo: fazer seu filho sentir na prática a diferença entre ter dinheiro e ter bens de baixa liquidez.

Como aplicar:

1. Durante três meses, pague a mesada com:
   - Figurinhas
   - *Gift cards* de jogos, música ou lojas
   - Ingressos de cinema ou vale-compras
2. Não avise previamente. A surpresa é parte do processo.
3. Observe as reações em cada mês.
4. Após três meses, proponha uma conversa:
   - "Você gostou de receber assim?"
   - "Preferiria ter o dinheiro para escolher?"
   - "Sentiu falta de liberdade para comprar o que queria?"

Importante:

» Viva a experiência junto, sem corrigir durante o processo.

» Depois, use a reflexão para construir consciência, não culpa.

O que seu filho vai aprender com isso:

» Nem todo bem material é fácil de transformar em outra coisa.

» Dinheiro dá mais flexibilidade e liberdade de decisão.

» Escolhas inteligentes vêm da capacidade de planejar – e não apenas de desejar.

CAPÍTULO 6

O SEGREDO DO PORQUINHO: O QUE O COFRINHO ENSINA (E O QUE ELE NÃO ENSINA)

6.1 – O NASCIMENTO DO COFRE: TRADIÇÃO, HISTÓRIA E O PODER DO SÍMBOLO

Se você pensar na sua infância, é bem provável que, em algum momento, tenha recebido um cofrinho – talvez em forma de porquinho – de presente.

Pode ter sido da avó, de um padrinho, de um tio carinhoso. Com aquele objeto simples, veio uma mensagem ainda mais poderosa:

"Guarde aqui o seu dinheirinho. Vai te fazer bem no futuro."

E, sem perceber, aquele presente tão simbólico foi, para muitos de nós, **o primeiro contato emocional com a ideia de valor, de cuidado e de futuro**.

O que é um cofrinho, afinal?

Cofrinho, mealheiro, pote de moedas... Não importa o nome, nem o formato. A essência é sempre a mesma: **um recipiente para juntar dinheiro de forma protegida e escondida**.

O próprio termo "mealheiro" (que vem de "moeda" + "alheiro", de guardar) traz essa ideia: algo feito para guardar pequenos valores de forma segura, um pouco a cada vez.

Por isso, o cofrinho é mais do que um objeto: é um **símbolo de construção, de paciência, de cuidado**.

A origem do famoso porquinho

Mas por que, afinal, quase todos os cofres são em formato de porquinho?

A história é tão curiosa quanto educativa.

Na Idade Média, na Inglaterra, existia uma argila comum chamada "pygg", usada para fabricar potes simples. As famílias guardavam moedas nesses potes, que eram chamados de "pygg pots".

Com o tempo, a palavra "pygg" foi confundida com "pig" (porco em inglês), e os artesãos começaram a fabricar potes em forma de porquinhos – surgindo aí o que hoje conhecemos como **cofrinhos de porquinho**. Não foi algo planejado ou intencional. Foi um desses acasos linguísticos que moldam a cultura sem que a gente perceba.

O valor simbólico do porquinho

O porquinho também carrega outros significados profundos:

- **Prosperidade**: em muitas culturas, o porco é símbolo de abundância.
- **Crescimento**: como os porcos engordam com o tempo, o porquinho-cofre representa a ideia de "engordar" as economias.
- **Paciência**: para ver o cofre cheio, é preciso ter constância e resistir à vontade de quebrá-lo antes da hora.

Tudo isso torna o ato de ganhar um cofrinho **muito maior do que apenas ganhar um objeto**. É como se fosse **um primeiro convite para cuidar do próprio futuro** – mesmo que, naquele momento, a criança ainda não entenda plenamente o que isso significa.

A primeira lição silenciosa

Quando uma criança ganha um cofrinho, está recebendo, sem palavras, várias mensagens:

- “É importante guardar.”
- “Pequenas ações no presente constroem algo maior no futuro.”
- “O esforço invisível, feito dia após dia, gera frutos.”

É um ensinamento que não precisa de explicação formal. Ele vai se sedimentando na mente da criança **por meio da prática e da experiência**.

E é por isso que, mesmo com todos os ajustes que vamos propor nos próximos subcapítulos, **eu quero deixar muito claro**: o cofrinho, do jeito que ele é, já é um grande presente. Só precisamos lapidar esse presente para torná-lo ainda mais poderoso.

6.2 – GUARDAR PARA QUÊ? O PROBLEMA DO ACÚMULO SEM PROPÓSITO – E A FORÇA DOS SONHOS FINANCEIROS

Se ganhar um cofrinho é um ato simbólico lindo, guardar dinheiro dentro dele sem um propósito claro pode transformar essa lição em algo confuso – e, às vezes, até desmotivador.

Guardar só por guardar cansa. Guardar com propósito empolga. Essa diferença muda tudo.

O vazio do acúmulo pelo acúmulo

Muitos pais entregam o cofrinho e dizem:

"Guarde seu dinheiro aí, porque é importante guardar."

Mas, para a criança – e, na verdade, para qualquer ser humano –, **guardar sem saber para quê** é como correr uma maratona sem linha de chegada.

- » Quanto devo guardar?
- » Por quanto tempo?
- » Para quê, afinal?

Sem essas respostas, o ato de economizar vira algo abstrato, cansativo, facilmente abandonável.

Adultos também não guardam "só porque sim"

Para mostrar como **guardar com propósito é natural e essencial para a motivação humana**, veja o que a pesquisa RAIOX, da Anbima, de 2023, revelou:

DESTINO PRETENDIDO PELOS INVESTIDORES	%
Compra de imóvel	33%
Manter aplicado (sem objetivo imediato)	20%
Fazer uma viagem	10%
Comprar carro ou moto	10%
Usar na velhice/aposentadoria	9%
Investir em negócio próprio	8%
Investir em educação	6%
Outros	4%

Ou seja:

- **80% dos adultos** guardam dinheiro **com um objetivo claro.**
- **Apenas 20%** guardam "para manter aplicado", sem um plano específico imediato.

Isso reforça que até quem já passou da infância **precisa de um motivo** para poupar. Por que seria diferente para uma criança?

O poder de um sonho bem definido

Agora, imagine a diferença que faz para o seu filho:

> *"Guarde R$ 1,2 mil porque é importante."* versus *"Guarde R$ 1,2 mil para comprar aquela bicicleta incrível que você quer."*

Quando o dinheiro é associado a um sonho:

- Cada moedinha tem sabor de conquista.
- Cada pequeno esforço se conecta com algo emocional.
- Cada etapa aproxima a criança de um objetivo que ela entende e deseja.

Guardar deixa de ser uma obrigação cansativa e vira **um ato de protagonismo**.

Como colocar isso em prática?

Sempre que você der um cofrinho ao seu filho, associe-o a **um objetivo concreto**.

- » Pode ser um brinquedo, uma viagem, um presente para alguém especial, ou qualquer sonho pessoal da criança.
- » Ajude seu filho a:
  - Escolher o objetivo.
  - Descobrir quanto custa.
  - Estabelecer uma meta de tempo e valor.
  - Acompanhar o progresso de forma visual (pôster, tabela, desenho do sonho).

Plantando a semente da realização

Quando seu filho atingir o primeiro objetivo que ele mesmo financiou com seu esforço, algo mágico acontece: ele entende que é capaz de transformar desejo em realidade. Ele sente o orgulho de conquistar com as próprias mãos.

Essa lição ultrapassa a educação financeira. É uma formação de caráter, de autoestima, de capacidade de sonhar e realizar.

Tudo isso, acredite, **pode começar com um simples cofrinho – desde que ele venha carregado de propósito**.

6.3 – UM PORQUINHO SÓ NÃO BASTA: O PERIGO DA CONCENTRAÇÃO

Quando uma criança ganha seu primeiro porquinho, algo muito especial acontece. Ela sente que está iniciando sua vida financeira. Cada moedinha, cada troco da padaria, cada presente dos avós vai para lá. Tudo, absolutamente **tudo**, vai para dentro do mesmo cofre.

- A mesada? Vai para o porquinho.
- O troco do sorvete? Também vai.
- As moedas esquecidas na gaveta? Para o porquinho.
- O dinheiro de aniversário? Para o porquinho.

É bonito de ver. É emocionante participar. É educativo? **Em parte, sim... mas também, em parte, não.**

Acumular dinheiro é importante – mas não é o suficiente

O erro não está em incentivar a criança a guardar.

O erro está em ensinar que **o objetivo final é apenas acumular**.

Se queremos educar financeiramente nossos filhos para o futuro, precisamos ir além. O cofrinho não deveria ser apenas **um lugar para juntar dinheiro**. Ele deveria ser **uma ferramenta para construir inteligência financeira**.

O verdadeiro valor que queremos acumular ali dentro não é só monetário – é **conhecimento**. Conhecimento sobre:

- Como planejar.
- Como dividir.

- Como priorizar.
- Como investir.

Guardar por guardar é fácil. **Educar enquanto se guarda é a verdadeira missão.**

O porquinho ensina – mas às vezes ensina errado

Ao incentivarmos a criança a colocar todo o dinheiro no mesmo porquinho, estamos – sem perceber – ensinando algo perigoso: que todo o seu patrimônio deve ser concentrado em um único lugar.

E essa mentalidade, quando a criança cresce, **se replica na vida adulta**.

É por isso que, durante muitos anos, gerações inteiras de brasileiros aplicavam todo o seu dinheiro apenas na caderneta de poupança.

Porque foi assim que aprenderam:

- Um lugar.
- Um formato.
- Uma segurança ilusória.

Quando a realidade financeira bate à porta

Imagine agora o seu filho, já adulto, sentado diante de um gerente de banco.

O gerente explica:

"Você precisa diversificar seus investimentos. Nunca deixe todo o seu dinheiro em um único lugar. Existe o risco de perder liquidez, valor, rendimento..."

E o que seu filho sente, lá no fundo?

Confusão. Estranhamento. Rejeição da ideia.

"Mas na minha infância aprendi a confiar tudo em um só lugar. Meu porquinho estava sempre lá, inteiro, único, seguro..."

O que o gerente está falando parece estranho, desconfortável, quase errado.

Mas, na verdade, **o gerente está certo**. E, infelizmente, **os pais – sem querer – ensinaram errado**.

A consciência que precisamos desenvolver

Diversificação não é um "plus" na vida financeira. É um princípio básico de proteção, inteligência e crescimento sustentável.

Mas calma! Você não precisa ensinar tudo isso agora para o seu filho pequeno.

Ainda vamos falar sobre diversificação de forma lúdica e divertida no **Capítulo 12 – Os Três Porquinhos Financeiros**.

O que importa neste momento é **não reforçar a lógica da concentração**. É dar ao cofrinho o seu verdadeiro papel:

- Uma ferramenta de construção de objetivos.
- Uma escola prática de gestão de prioridades.
- Um ponto de partida para a educação financeira consciente.

6.4 – DINHEIRO PARADO É OPORTUNIDADE PERDIDA: O QUE SEU FILHO PRECISA ENTENDER SOBRE CAPITALIZAÇÃO

Até aqui, seu filho aprendeu a importância de guardar. Agora é hora de dar mais um passo: **mostrar que guardar é bom, mas fazer o dinheiro trabalhar é melhor ainda**.

Essa é a diferença entre:

- **Economizar** e apenas deixar parado
- e **Economizar** e **fazer crescer**.

O que acontece com o dinheiro dentro do porquinho?

Quando uma criança coloca seu dinheiro dentro do cofrinho, é como se ela estivesse criando uma minifortaleza:

- O dinheiro está protegido.
- Está seguro.
- Está… parado.

Simplesmente parado.

- Sem render juros.
- Sem aumentar com o tempo.
- Sem crescer sozinho.

E isso, no mundo real, **não é o que acontece nas finanças inteligentes**.

Introduzindo o conceito de capitalização

Capitalização é a palavra bonita para explicar um conceito muito simples:

O dinheiro pode crescer sozinho – se você souber onde o colocar.

É como plantar uma semente:

- » Se você joga a semente num vaso seco e nunca rega, ela fica ali. Estagnada.
- » Se você planta no solo certo, cuida, rega, dá luz e atenção, ela floresce. Cresce. Multiplica.

Com o dinheiro é igual:

- » No porquinho, o dinheiro é guardado.
- » Num investimento inteligente, o dinheiro é guardado **e cresce**.

Mas atenção: não queremos matar o porquinho!

O objetivo **não é desmerecer o cofrinho**. Ele é – e continuará sendo – uma ferramenta incrível para:

- » Ensinar paciência.
- » Mostrar a importância do esforço contínuo.
- » Criar o hábito de guardar.

O que precisamos fazer é **complementar a educação**: o cofrinho é o primeiro passo. Depois, o dinheiro precisa aprender a caminhar com as próprias pernas.

Como apresentar esse conceito para o seu filho?

Sem pressa. Sem pressão.

Sugiro uma abordagem como esta:

"Filho, o cofrinho é muito bom pra gente juntar. Mas sabia que existe um jeito de fazer o dinheiro crescer enquanto ele está guardado? Quando a gente guarda em bancos ou investimentos, o dinheiro trabalha pra gente. Ele faz filhos, netos... E vai crescendo devagarzinho, sem a gente precisar colocar mais moedas todo dia."

É plantar a semente da capitalização sem entrar ainda em termos técnicos (deixamos isso para os capítulos futuros).

Criando a prática: a "janela de capitalização"

Aqui em casa, uma prática que funcionou muito bem foi criar a chamada **janela de capitalização**:

- A cada três ou seis meses, abrimos o porquinho juntos.
- Contamos o dinheiro.
- E decidimos, juntos, **quanto será levado para o "dinheiro que cresce"** (banco, aplicação segura etc.).

Isso ensina que:

- Guardar é bom.
- Mas transferir para o crescimento é ainda melhor.

E a criança vai internalizando, naturalmente, que dinheiro parado perde oportunidades – enquanto dinheiro bem cuidado cria possibilidades.

Missão #5 – O cofrinho dos sonhos

Objetivo: transformar o cofrinho tradicional em **um projeto claro de realização**, associando o hábito de guardar a um objetivo real e a uma data de conquista.

Como aplicar:

1. **Pegue o cofrinho que a criança já tem.**
   - Se ainda não tiver, compre um simples – pode ser em formato de porquinho, caixa ou qualquer outro formato de que a criança goste.
2. **Escolham juntos um objetivo para o cofrinho.**
   - Dê sugestões que sejam acessíveis e interessantes, tanto para meninos quanto para meninas:
     - Uma bicicleta
     - Um par de patins
     - Um ingresso para um show
     - Um novo videogame
     - Uma mochila especial
     - Uma viagem de fim de semana
     - Um passeio no parque de diversões
     - Um curso de desenho ou dança
     - Um dia de compras de roupas ou brinquedos
3. **Escrevam o objetivo no cofrinho.**
   - Use uma etiqueta adesiva ou um pedaço de papel colorido.
   - Escreva algo como *"Projeto: minha bicicleta dos sonhos"*, *"Objetivo: patins novos – missão 2025"*.
4. **Definam a data de abertura do cofrinho.**
   - Escolham uma janela de liquidez realista, como:

    - Daqui a seis meses.
    - No próximo aniversário.
    - Na próxima viagem de férias.
  - Escrevam a data no cofrinho: *"Abrir no dia 15/12/2025"*.
5. **Decorem juntos (opcional).**
  - Incentive a criança a personalizar o cofre, desenhando estrelas, corações, carrinhos, arco-íris, o que ela quiser.
  - Quanto mais a criança se apropriar emocionalmente do cofrinho, maior será o compromisso.

O que seu filho vai aprender com isso

» Que guardar dinheiro tem um **propósito claro**.
» Que **tempo** e **paciência** são necessários para conquistar sonhos.
» Que **dinheiro guardado precisa ter um projeto associado**, e não ficar esquecido sem sentido.
» Que existe um momento certo de usar o que foi acumulado – respeitando a janela de liquidez.

Mensagem final para seu filho

"O cofrinho não é só um lugar para guardar moedas. É a casa onde seu sonho mora até ficar pronto para acontecer."

CAPÍTULO 7

O DINHEIRO QUE TRABALHA ENQUANTO VOCÊ DORME: O PRIMEIRO PASSO PARA ENTENDER INVESTIMENTOS

7.1 – GUARDAR É BOM; FAZER CRESCER É MELHOR

Até aqui, você já fez um trabalho incrível:

- Ajudou seu filho a entender o valor do dinheiro.
- Criou o hábito de guardar.
- Estimulou sonhos e deu propósito para as economias.

Mas agora chegou a hora de dar o próximo passo. Porque guardar é muito bom. Mas fazer o dinheiro crescer… é ainda melhor.

A diferença entre acumular e multiplicar

Quando o seu filho guarda moedas no porquinho, está acumulando. Cada moeda nova representa esforço e paciência.

Mas se o dinheiro fica parado, ele **não evolui sozinho**. Ele apenas espera.

Acumular é como guardar todas as sementes de uma plantação dentro de um pote fechado.

Seguro? Sim. Produtivo? Nem tanto.

O que acontece se você pegar uma daquelas sementes e plantar na terra, cuidar, regar, dar luz e esperar?

Ela se transforma em algo maior. Ela gera frutos. Ela multiplica.

Com o dinheiro é a mesma coisa.

Dinheiro também pode "plantar raízes"

O que vamos ensinar agora ao seu filho – de forma leve e divertida – é que o dinheiro pode trabalhar para ele.

Não é trabalho no sentido físico, como levantar peso ou estudar matemática. É trabalho no sentido de **crescer** enquanto está bem cuidado, como uma plantinha que floresce quando está no solo certo.

Essa ideia, quando bem plantada na infância, transforma a relação que seu filho terá com o dinheiro para sempre.

A importância de mostrar isso cedo

Muitos adultos que nunca aprenderam essa diferença:

- » Acham que guardar dinheiro já é suficiente.
- » Não sabem usar os investimentos como aliados.
- » Vivem presos na insegurança, no medo ou no desperdício de oportunidades.

O que queremos aqui é preparar seu filho para ver o dinheiro **não como algo para consumir** imediatamente, **mas como uma ferramenta para multiplicar conquistas**.

E quanto mais cedo ele entender isso, mais natural será fazer boas escolhas no futuro.

7.2 – COMO EXPLICAR PARA UMA CRIANÇA QUE O DINHEIRO "TRABALHA"?

Falar que "o dinheiro trabalha enquanto você dorme" pode soar como mágica para uma criança. E, vamos ser sinceros, para muitos adultos também.

Dinheiro trabalhando sozinho? Sem precisar acordar cedo, pegar trânsito, fazer reunião? Parece bom demais para ser verdade. Mas é absolutamente real – e precisa ser ensinado desde cedo.

A questão é: **como explicar isso para seu filho de uma forma que ele entenda, se encante e queira experimentar?**

A resposta está nas comparações certas. E no jeito como você apresenta esse conceito.

A plantinha mágica: a metáfora perfeita para começar

Você pode dizer algo assim:

"Filho, guardar dinheiro no porquinho é bom. Mas guardar dinheiro num lugar especial – como o banco – é como plantar uma sementinha."

"Se você só guardar a semente numa caixa, ela continua semente. Mas se você plantar, cuidar e esperar, ela vira uma árvore. E árvore dá frutos."

Cada real que seu filho guarda é como uma semente:

- No porquinho, ela fica parada.
- No banco, ela pode crescer sozinha.

Esse é o conceito de investimento. E, mesmo que seu filho ainda não entenda essa palavra completamente, vai entender o que é fazer o dinheiro render.

Mas o que é esse "lugar especial"?

Aqui é importante ter cuidado com a linguagem.

Você não precisa – nem deve – explicar agora:

- Renda fixa
- Renda variável
- Tesouro direto
- CDB, CDI, Selic...

Calma. Tudo isso vem depois.

Este livro tem um foco claro: **ajudar seu filho a lidar melhor com o dinheiro, com o crédito, com o débito, com o consumo, com a construção de hábitos saudáveis e com o desejo de investir**.

As dúvidas sobre **onde investir, como investir e em que investir** nós vamos abordar em uma **continuação deste livro**, que já está a caminho.

Aliás... Se você está ansioso para saber mais sobre isso – e está curtindo a leitura –, **tire uma foto desta página e me marque no Instagram: @prof.edgarabreu**. Vai ser um prazer saber que este conteúdo está ajudando sua família.

E como fazer a criança sentir isso na prática?

Quer transformar essa explicação em experiência?

Desafio você a fazer um teste simples com seu filho:

1. Pegue todo o dinheiro que ele guardou até agora no porquinho.
2. Divida em duas partes iguais.
3. Deixe metade no porquinho.
4. Leve a outra metade para o banco ou uma aplicação simples, com rendimento garantido e segurança.
5. Combine uma data de retorno: um ou dois meses depois.
6. Na data marcada, comparem os dois valores.

No porquinho:

» O valor será exatamente o mesmo.

No banco:

» Vai ter rendido um pouquinho. Talvez centavos. Talvez reais. O importante **não é o valor, e sim o conceito**:

"Pai... o do banco cresceu sozinho?"

Esse é o momento em que **o conceito de capitalização e investimento entra no corpo da criança**. Não apenas na mente.

Deixe o aprendizado crescer como uma planta

O que você está plantando agora não é apenas dinheiro.

Você está plantando:

- Visão de longo prazo.
- Respeito ao tempo.
- Confiança no crescimento.
- E a autonomia de alguém que entende que o dinheiro pode – e deve – ser seu aliado.

7.3 – DE ONDE VÊM OS JUROS?

Agora que seu filho já entendeu que o dinheiro pode crescer quando está guardado no lugar certo, chega a hora da pergunta mais poderosa de todas:

"Mas quem colocou mais dinheiro lá dentro?"

A resposta é simples:

"Foi o tempo."

Mais especificamente: **foi o tempo... pago com juros**.

A primeira provocação: tempo e dinheiro

Provoque seu filho com um desafio direto:

"Filho, se eu te der duas opções agora:

- » R$ 100 hoje
- » Ou R$ 100 daqui a um mês

Qual você escolheria?"

A maioria das crianças – e muitos adultos também – vai escolher **R$ 100 hoje**. E isso faz sentido. O valor é o mesmo, então **por que esperar?**

Agora, mude a proposta:

"E se eu te oferecer:

- » R$ 100 hoje
- » Ou R$ 120 daqui a um mês?

O que você escolheria agora?"

Nesse momento, a chave começa a virar.

O tempo **só faz sentido no dinheiro quando ele vem acompanhado de recompensa**. E essa recompensa é chamada de **juros**.

Por que o banco precisa pagar juros?

Agora você pode explicar com algo prático:

> *"Filho, quando você deixa seu dinheiro no banco, você está dizendo: 'Pode ficar com ele por um tempo. Eu não vou usar agora'."*

> *"Mas pense comigo: se você dá R$ 100 para o banco hoje e ele devolve os mesmos R$ 100 depois de um mês... Qual é a vantagem disso?"*

> *"Você deixou de gastar, abriu mão do presente, teve paciência... Tudo isso merece uma recompensa."*

> *"Por isso o banco te paga juros. Para te agradecer por deixar o dinheiro lá, e por ter esperado."*

O negócio do banco: comprar e vender dinheiro

Agora que seu filho entendeu por que **recebe juros**, é hora de mostrar **por que o banco está disposto a pagar isso**.

Use esta analogia:

> *"Filho, imagine que outra pessoa foi até o banco com um problema: 'Preciso pagar uma conta de R$ 100 hoje, mas só vou receber meu salário no mês que vem'."*

> *"O banco pode ajudar essa pessoa, pagando os R$ 100 para ela agora. Mas o banco vai querer receber mais no futuro. Talvez R$ 110, R$ 120..."*

Por quê?

"Porque o banco também não quer esperar sem ganhar nada. Ele só adianta o dinheiro se puder cobrar juros depois."

E onde entra o seu dinheiro nisso tudo?

Explique assim:

"O banco pega o seu dinheiro emprestado pagando juros baixos, e depois empresta esse dinheiro para outras pessoas cobrando juros mais altos."

"É como se o banco comprasse o seu dinheiro barato e vendesse mais caro. E no meio dessa negociação, você ganha uma parte do lucro."

O que seu filho precisa guardar na mente

- Dinheiro parado vale menos que dinheiro em movimento.
- O tempo **só vale a pena no dinheiro quando ele gera frutos**.
- Juros transformam o futuro **em algo mais valioso que o presente**.

Um resumo que a criança vai lembrar

"O banco não faz mágica. Ele pega o dinheiro de quem **tem agora**, empresta para quem **precisa agora**, e no fim devolve com um **'muito obrigado' em forma de juros**."

7.4 – O QUE É INVESTIR?

Agora que seu filho entendeu que o dinheiro pode crescer com o tempo, que os juros são uma forma de recompensa e que o banco faz esse papel de intermediar quem tem e quem precisa, é hora de ensinar uma das palavras mais poderosas da vida financeira:

Investir.

Mas o que, afinal, significa investir?

Explique assim:

> *"Filho, investir é quando você usa seu dinheiro não para gastar, mas para que ele trabalhe e traga mais dinheiro de volta no futuro."*

E para deixar isso ainda mais claro, vamos com um exemplo prático:

Exemplo para meninos – o videogame que virou campeonato

"Imagine que seu pai comprou um videogame para você, daqueles bem caros, que custam uns R$ 4 mil.

Você começou a jogar, treinou bastante, se dedicou por meses, aprendeu todas as técnicas… Até que, um dia, você se inscreveu num campeonato de eSports e ganhou o primeiro lugar.

O prêmio? R$ 10 mil.

Isso é um investimento: o videogame custou R$ 4 mil, mas **ao longo do tempo**, com esforço e estratégia, ele te devolveu R$ 10 mil.

Você teve um 'lucro' de R$ 6 mil. E esse 'lucro' é o que, no mundo financeiro, chamamos de **juros ou retorno**."

Exemplo para meninas – o ateliê de laços e acessórios

"Agora imagine que uma menina tem uma paixão por criar laços, pulseiras e tiaras.

A mãe dela ajuda, e juntas investem R$ 500 em materiais: fitas, pedrarias, elásticos, cola quente, embalagens...

Ela passa a produzir e vender os acessórios para as amigas da escola, para as mães do condomínio, pela internet. Em alguns meses, ela já faturou R$ 1,5 mil com as vendas.

Resultado: o investimento foi de R$ 500, e o retorno foi de R$ 1 mil.

Ou seja: o dinheiro foi usado **para construir algo que cresceu e se multiplicou**."

A virada para o mundo dos investimentos financeiros

Agora diga para seu filho:

> *"Quando a gente investe em um videogame ou em material de laços, usa o dinheiro para criar algo que cresce com o tempo."*

> *"Mas e se, em vez disso, a gente colocar esse dinheiro para ajudar uma empresa a crescer?"*

> *"Ou deixar esse dinheiro com um banco, que vai emprestar para outra pessoa montar um negócio?"*

Aí acontece o seguinte:

- A empresa pega seu dinheiro emprestado.
- Usa para **produzir mais, vender mais, ganhar mais**.
- E te devolve o dinheiro **com um "obrigado" em forma de juros**.

Esse é o papel do investimento financeiro.

Exemplo prático: investir em uma fábrica de brinquedos

"Filho, imagine que existe uma fábrica de brinquedos. Ela precisa de dinheiro para comprar novas máquinas e fazer mais bonecos, jogos e pelúcias.

Você empresta R$ 100 para ela, junto com outras pessoas. Com esse dinheiro, a fábrica produz, vende e lucra.

Depois de um tempo, ela te devolve os mesmos R$ 100 + R$ 10 de agradecimento, porque seu dinheiro **a ajudou a crescer**.

Esse agradecimento é o que a gente chama de **juros**. E esse ato de emprestar dinheiro para que ele volte com mais valor, a gente chama de **investir**."

E por que isso é tão importante?

Porque **não se trata de ter muito dinheiro**. Trata-se de **fazer o que você já tem trabalhar para você**.

Investir é usar o tempo a seu favor.

É entender que, com paciência, propósito e um pouquinho de estratégia, **seus R$ 100 podem virar R$ 110, depois R$ 130, depois R$ 200...**

E é aí que o jogo muda. Porque seu filho deixa de ver o dinheiro como algo de que ele precisa correr atrás. E passa a ver o dinheiro como **um parceiro que caminha ao lado**.

MoneyPlay: Missão Pais e Filho

Missão #6 – A plantação do dinheiro

Objetivo: ensinar a criança, de forma visual e prática, que **investir é plantar hoje para colher mais no futuro**. Aqui, os conceitos de tempo, paciência e retorno são vividos – não apenas explicados.

Como aplicar:

1. **Você vai precisar de:**
   - Dois potes ou copos transparentes
   - Algodão ou terra
   - Feijões ou sementes fáceis de brotar
   - Água e luz natural
   - Etiquetas com datas
2. **Monte o experimento:**
   - No **primeiro pote**, plante o feijão com cuidado, usando algodão ou terra, regando todo dia e deixando no sol.
   - No **segundo pote**, coloque um feijão seco apenas dentro de um copo fechado. Não regue, não exponha à luz. Deixe parado, como se fosse "dinheiro no porquinho".
3. **Crie o enredo:**

"Esse aqui é o dinheiro investido – a gente plantou, cuida todo dia e espera crescer. Esse aqui é o dinheiro guardado no porquinho – seguro, mas parado."

4. **Acompanhem juntos durante 7 a 10 dias:**
    - O pote bem cuidado vai brotar, crescer, se transformar.
    - O feijão esquecido vai continuar igual, talvez até estragar.
5. **Conversem sobre o que aconteceu:**

"Qual feijão cresceu mais?"

"Qual virou algo maior com o tempo?"

"Qual ficou do mesmo jeito ou até piorou?"

O que a criança aprende com isso:

» Que **investir exige tempo, paciência e cuidado.**

» Que **esperar pode ser mais vantajoso do que gastar tudo agora.**

» Que **plantar algo com intenção sempre gera mais frutos** do que apenas guardar por guardar.

Dica bônus

Ao final da atividade, peça para a criança **dar um nome à planta**. Ela pode ser batizada de "Minha Poupança", "Dinheirinho Plantado" ou até "Investimento Milionário".

Isso reforça o vínculo emocional com o conceito.

Mensagem para encerrar

"Filho, o dinheiro é como esse feijão: quando você só guarda, ele fica parado. Mas quando você cuida, espera e faz boas escolhas... ele cresce e floresce."

CAPÍTULO 8

MESADA: O PRIMEIRO PASSO PARA A AUTONOMIA FINANCEIRA

8.1 – MESADA É SALÁRIO OU PRESENTE?

Se você chegou até aqui, já entendeu que o nosso objetivo **não é fazer com que seu filho fique rico enquanto é criança**. Nosso objetivo é que ele **tenha uma relação saudável com o dinheiro quando crescer**.

E é por isso que a **mesada não pode ser tratada como um agrado**, nem como um presente regular. Ela é, ou pelo menos **deveria ser**, o **simulador da vida adulta**.

Uma pergunta simples, mas poderosa

Quando seu filho for adulto, ele vai receber dinheiro simplesmente por existir?

A resposta é: não.

Ele vai precisar:

- Trabalhar.
- Gerar valor.
- Cumprir responsabilidades.

E aí, sim, vai receber sua **remuneração**: o famoso contracheque. Se ele faltar, não entregar, não se comprometer... o salário não irá.

O que a mesada ensina se não houver troca?

Quando damos mesada todo mês, sem nenhum critério ou responsabilidade envolvida, a mensagem que fica é:

- “O dinheiro sempre vai aparecer.”
- “Não importa o que eu faça, ele vai chegar.”
- “Meus pais são minha fonte eterna de renda.”

Isso não é educação. Isso é **assistencialismo**.

E se você está lendo este livro, é porque **não quer criar um filho dependente**, e sim **um filho preparado**.

Mas o contracheque da vida adulta não é só crédito...

Além de exigir entrega, esforço e comprometimento, o salário do adulto **vem cheio de descontos**:

- Imposto de renda
- INSS
- Plano de saúde
- Taxas diversas

Ou seja: **ninguém recebe 100% do que está “escrito no topo”**.

E aqui vai mais uma provocação:

Seu filho recebe mesada integral? Sem nenhum desconto? Isso está ensinando o quê?

Se o objetivo é prepará-lo para o que o espera lá na frente, **essa mesada “cheia e automática” está longe da realidade**.

O que a mesada deveria ensinar?

Ela não precisa ser uma punição. Nem uma cobrança militarizada.

Mas ela **precisa ensinar três pilares fundamentais da vida financeira adulta**:

1. **Troca**: o dinheiro vem como consequência de algo feito.
2. **Descontos**: nem tudo o que se recebe pode ser gasto.
3. **Gestão**: o que sobra precisa ser bem administrado.

Para pensar

Quando você dá mesada ao seu filho, está preparando-o para o salário... Ou criando uma fantasia de dinheiro infinito?

8.2 – QUANTO DAR? QUANDO COMEÇAR?

Se você chegou até aqui, provavelmente já está convencido de que a mesada é uma ferramenta poderosa de educação.

Mas aí vem a pergunta que **todos os pais me fazem**:

"Edgar, mas quanto eu devo dar de mesada? E quando eu começo?"

A minha resposta, quase sempre, começa assim:

"Não se preocupe com o valor. Preocupe-se com os valores."

Não se trata de quanto, mas do que se aprende com o quanto se tem

Há pais que dão R$ 500 por mês para o filho e acham que estão fazendo um ótimo trabalho. Mas não acompanham, não orientam, não estimulam.

Outros dão R$ 20 por mês – e a criança aprende:

- » A guardar.
- » A planejar.
- » A esperar.
- » A errar e corrigir.

A mesada **não tem o objetivo de fazer seu filho acumular dinheiro**. Ela busca ensinar **como se administra dinheiro**. E isso pode (e deve) começar com pouco.

Qual é o valor ideal, então?

A regra de ouro é:

Dê um valor que caiba no seu orçamento e que obrigue a criança a fazer escolhas.

Se o valor for alto demais, ela compra tudo. Se for baixo demais, ela não consegue fazer nada e se frustra.

O ponto ideal está no meio: **suficiente para tomar decisões – e não para comprar tudo**.

E a partir de que idade?

Você pode começar **a partir dos 5 ou 6 anos**, desde que seu filho:

- Já reconheça números.
- Entenda o que é mais e menos.
- Consiga esperar (mesmo que pouco).
- E já tenha desejos próprios.

Lembre-se: o valor é simbólico. Com 5 anos, R$ 5 por semana já pode ensinar mais que muitos cursos de finanças.

Por que a mesada não deveria ser 100% fixa?

Aqui entra a provocação mais importante deste capítulo:

Na vida adulta, **ninguém recebe um salário 100% fixo, todo mês, igualzinho**.

Tem:

- Décimo terceiro
- Férias
- Bônus
- Participação em resultados
- Comissão
- Variáveis

Por que, então, ensinamos às crianças que todo mês cai o mesmo valor na conta sem mudar nada?

Sugestões para trazer mais realismo à mesada

» **Décimo terceiro**
Em dezembro, dobre a mesada. Explique que os adultos também recebem um valor extra e que ele serve para cobrir despesas de fim de ano ou realizar sonhos.

» **Mesada variável**
Adicione um pequeno extra por atitudes importantes: boas notas, leitura de um livro, ajudar em casa, cumprir acordos. Não como prêmio. Mas como **reconhecimento**, assim como no mundo real.

» **Bônus inesperado**
De vez em quando, entregue um valor extra e diga: "Isso aqui é um bônus. Porque você surpreendeu".

» **Descontos eventuais**
Gastou tudo no primeiro dia e agora está pedindo mais? Não tem reposição. Porque, na vida adulta, quem gasta tudo **sente as consequências**.

O mais importante

O ponto principal não é o valor. É **simular, desde cedo, a vida como ela é**. Com ganhos, perdas, planejamento, frustrações e conquistas.

Se for entregue **com sentido e estratégia**, a mesada se transforma em um ensaio poderoso para a autonomia.

8.3 – DINHEIRO NÃO VEM DE GRAÇA: O QUE A CRIANÇA PODE FAZER EM TROCA

Se na vida adulta o dinheiro só chega depois de muito trabalho, por que com as crianças seria diferente?

"Ah, mas ele é só uma criança, não precisa trabalhar..."

Claro que não! Mas isso **não significa que ele não possa aprender, desde cedo, que o dinheiro é uma consequência de algo feito.**

A conversa que todo pai deveria ter com o filho

Sente-se com seu filho e diga algo assim:

"Filho, você já reparou que o papai (ou a mamãe) sai de casa cedo todo dia para trabalhar? Eu passo várias horas no trabalho, resolvendo problemas, ajudando outras pessoas, às vezes me estressando, às vezes comemorando... E sabe o que eu ganho com isso? Dinheiro. É com esse dinheiro que a gente compra comida, paga a escola, a luz, o videogame, a internet e também... a sua mesada."

Agora vem a pergunta que muda tudo:

"Se eu trabalho para receber meu dinheiro... o que você vai fazer em troca para receber o seu?"

Essa é a virada de chave.

O que essa pergunta ensina?

Essa conversa simples ensina seu filho a:

- Valorizar o esforço alheio (empatia).
- Compreender a lógica da troca.
- Perceber que dinheiro **não é direito adquirido**.
- Envolver-se na dinâmica da casa, da escola e da vida.

É como criar um minicontrato social familiar:

"Você recebe. Mas você também entrega algo em troca."

E o que uma criança pode entregar?

Aqui vão algumas sugestões práticas, que você pode adaptar à idade, à realidade e ao perfil do seu filho.

1. Ajudar com as tarefas domésticas

- Arrumar a cama.
- Guardar os brinquedos.
- Colocar a roupa suja no cesto.
- Ajudar a tirar a mesa ou lavar a louça.

2. Cuidar da própria organização

- Separar o uniforme no dia anterior.
- Preparar a mochila com autonomia.
- Cuidar do material escolar.

3. Desempenho na escola

- » Cumprir prazos de tarefas.
- » Dedicação nos estudos.
- » Leitura de livros ou entrega de trabalhos.

Lembre-se: **não se trata de premiar nota alta,** e sim de valorizar esforço contínuo.

4. Apoiar os outros membros da família

- » Ajudar os irmãos menores.
- » Ser gentil com os avós.
- » Contribuir para o clima da casa.

5. Projetos pessoais

- » Montar um álbum.
- » Organizar a estante de livros.
- » Criar algo útil.

A lógica é simples

O dinheiro não cai do céu. Ele vem de alguém que trabalhou – e você precisa ensinar isso.

Ao criar esse senso de troca, você prepara seu filho para o futuro, em que:

- » Ele não vai esperar que a vida "dê".
- » Vai entender que a vida "retorna" o que se constrói.

8.4 – PENALIDADES JUSTAS: SE NÃO ENTREGOU, NÃO RECEBE (OU RECEBE MENOS)

Na vida adulta, o dinheiro não chega só porque você existe. Ele chega como resultado de um esforço – e **some** se esse esforço não acontecer.

Se o profissional falta, o salário é descontado. Se não bate a meta, não ganha o bônus. Se entrega mal, pode perder o cliente, a confiança ou até o emprego.

Então por que com as crianças seria diferente?

A mesada também precisa de controle

Se você e seu filho definiram juntos que a mesada está atrelada a uma série de responsabilidades, é justo que **o não cumprimento delas gere algum tipo de consequência**.

Mas atenção:

Isso **não é punição**.

Isso é **consistência**.

É **educação com consequência real**.

Como construir um modelo simples com seu filho

Você pode criar, com a criança, **um quadro de compromissos da mesada.** Deixe visual, acessível e simples.

Exemplo: mesada de R$ 40 por mês

Combinado com a criança:

"Você vai receber R$ 40 por mês se cumprir essas tarefas básicas da sua rotina."

RESPONSABILIDADE	PESO	VALOR VINCULADO
Arrumar a cama todos os dias	25%	R$ 10
Guardar os brinquedos	25%	R$ 10
Preparar o material escolar	25%	R$ 10
Ajudar com o lixo duas vezes/semana	25%	R$ 10

Total = R$ 40 se tudo for feito.

Agora, digamos que ele deixou de arrumar a cama três dias na semana e não jogou o lixo uma vez. Você chama a criança e explica: "Você fez três das quatro tarefas, então vai receber 75% da mesada: R$ 30".

O que isso ensina?

- Que **esforço tem valor**.
- Que **consistência importa**.
- Que **consequência não é castigo – é parte do acordo**.

E mais: ensina **o senso de justiça**.

Porque o dinheiro vira reflexo do comportamento, não um direito automático.

Dica importante

Seja transparente e regular:

- Faça a revisão com a criança no dia da mesada.
- Não mude as regras no meio do mês.

» Não desconte por raiva, impulso ou fora do combinado.
» E celebre quando ela cumprir tudo – ou até superar o esperado.

Quer deixar ainda mais simbólico?

Chame esse acordo de **Contrato da Mesada.**

» Escrevam juntos.
» Assinem juntos.
» Coloquem no mural ou na geladeira.

Isso transforma a mesada em **acordo de confiança**, e não só em uma transferência automática de valor.

8.5 – MESADA E DESPESADA: PREPARANDO SEU FILHO PARA O SALÁRIO DA VIDA REAL

Você sabia que a palavra **"mesada"** vem de **mesa**?

É isso mesmo. Historicamente, a mesada era o valor que cobria os gastos com alimentação da criança – aquilo que ela consumia à mesa da família. Era um dinheiro **para custear necessidades básicas**.

Com o tempo, o conceito se distorceu. A mesada deixou de ser uma simulação de responsabilidade e virou, em muitos lares, um **orçamento exclusivo para o lazer**.

E aqui está o grande problema: quando a criança recebe dinheiro **sem nenhuma obrigação associada**, aprende que **100% da renda pode ser usada com liberdade**.

E isso **não é a realidade da vida adulta**.

Quando a mesada deixa de educar

Vamos pensar juntos:

Seu filho, hoje, **já tem alimentação, moradia, roupas, lazer, escola e tudo o mais pago por você.**

Quando você adiciona a mesada como algo "a mais", o que acontece?

- » Ela vira **100% destinada ao consumo social.**
- » E seu filho começa a achar que **é normal gastar tudo com o que dá prazer.**

Agora imagine esse mesmo filho recebendo o primeiro salário lá na frente...

Se ele aprendeu a usar **100% da renda com lazer**, o que você acha que ele vai fazer **quando tiver boletos de verdade para pagar?**

A regressão da educação financeira

A evolução da mesada **trouxe uma regressão na educação**. Saímos de um modelo que ensinava a sustentar necessidades básicas, para um que **ensina o gasto desenfreado, imediatista, sem compromisso.**

Mas calma... ainda dá tempo de corrigir isso. E é por esse motivo que quero lhe apresentar o conceito de **despesada.**

O que é a despesada?

É simples.

A **despesada é a parte da mesada que precisa ser usada para pagar responsabilidades.**

É o equivalente às despesas fixas do adulto:

- Aluguel
- Energia
- Comida
- Transporte

Um exemplo prático

Se a mesada do seu filho é de **R$ 100**, você pode separar **R$ 50 como mesada "livre"** e **R$ 50 como despesada**.

Essa despesada será usada para:

- Cuidar do quarto (serviço de quarto).
- Ajudar com alimentação (taxa por delivery ou lavar louça).
- Despesas que antes você pagava – agora ele paga.

Isso simula a vida como ela é: você **recebe**, mas **já tem compromissos antes de gastar**.

E por que isso é importante?

Porque você está ensinando que:

- Parte do dinheiro **não é opcional**.
- Há obrigações financeiras que **devem ser priorizadas**.
- **Sobra é o que pode ser usado com liberdade**, não o valor total.

E antes de seguir...

Se essa ideia da despesada fez você refletir, me marque no Instagram: @prof.edgarabreu.

Vamos levar esse conceito para mais famílias!

Como montar uma despesada inteligente e prática

Agora que você já entendeu que **a despesada é a parte obrigatória da mesada**, está na hora de colocar isso em prática.

E pode ficar tranquilo: **não precisa virar contador nem montar um balancete mensal**.

Basta uma estratégia simples, coerente com a idade do seu filho e com os valores que você quer formar.

Primeiro: quanto pagar?

O ideal é pensar a mesada como se fosse um **salário simbólico**, e a despesada como as contas que ele deve pagar com esse dinheiro.

Vamos imaginar que você definiu uma mesada de R$ 100 por mês.

Minha sugestão: comece com **50% como despesada**. Ou seja, **R$ 50 vão direto para compromissos mensais**, e os outros R$ 50 ficam livres para gastar, guardar ou investir.

No futuro, seu filho vai perceber que nem esses 50% vão sobrar. Mas, por enquanto, estamos aqui para ensinar – sem traumatizar.

Exemplos de despesas que você pode incluir na despesada

1. Serviço de quarto – R$ 20

"Se você quiser que alguém arrume seu quarto, pague isso como um serviço. Se preferir arrumar sozinho, fique com o dinheiro."

Aqui a criança aprende:

- » Que conforto tem custo.
- » Que autonomia gera economia.
- » Que rotina é parte da vida adulta.

2. Participação em refeições especiais – R$ 4 a R$ 10 por evento

"Sabe aquela pizza do fim de semana que sempre foi cortesia da casa? Agora você é sócio."

Use a ideia de **dividir a conta em proporção leve**, por exemplo:

- » Pizza + refri + taxa = R$ 160
- » Família com quatro pessoas = R$ 40 por pessoa
- » Seu filho participa com 10% = R$ 4

Se ele quiser participar da experiência, contribui. Se não quiser pagar, **fica com a água da geladeira e o carinho da família.**

3. Não lavou o prato? R$ 0,25 por refeição

"Tá achando que é *all inclusive*?"

Se a criança tem idade para lavar os próprios pratos e talheres, e **não o faz**, pode pagar uma "taxa de restaurante".

Dois pratos por dia = R$ 0,50 x 30 dias = R$ 15

E veja só:

Quando ela percebe que lavar os pratos **"rende"** R$ 15 a mais no mês… o comportamento muda.

4. Gasto social delegado – R$ 30 (exemplo: cinema)

Se você já paga alguma atividade fixa todo mês, como:

- Ingresso + pipoca no cinema
- Recarga no jogo online
- Lanche especial

Transfira esse compromisso para o seu filho.

Inclua o valor **na mesada**, mas oriente que **ele agora precisa administrar**. A experiência continua. Mas agora **ele escolhe se vai ao cinema ou guarda o dinheiro**.

E o que ele aprende com isso?

- Que o salário **não é 100% livre**.
- Que alguns custos **são inevitáveis**.
- Que o dinheiro **precisa de escolhas e organização**.
- Que dar valor ao que se gasta **vem da dor de pagar**.

E se ele errar?

Se gastar tudo com figurinhas e não sobrar para o cinema?

Perfeito. Essa é a aula mais valiosa do mês.

A frustração de não ter porque **gastou mal** ensina mais do que qualquer discurso. E isso, meu amigo, é educação financeira real.

Dica prática

Monte com seu filho uma **planilha ou um papel simples com as seguintes colunas**:

ITEM	VALOR ESTIMADO	PAGO?
Serviço de quarto	R$ 20	☑
Lavagem de pratos	R$ 15	✕
Cinema	R$ 30	☑

Você torna a despesada algo visual, previsível **e parte da rotina**.

Por que isso é tão poderoso?

Porque, no fundo, **a despesada ensina harmonia**.

O equilíbrio entre ganhar e gastar.

Entre liberdade e responsabilidade.

Entre querer tudo e poder algumas coisas.

Missão #7 – O contracheque da vida real

Objetivo: simular um mês completo de vida financeira para a criança, usando o conceito de **mesada + despesada**, com controle de compromissos, bonificações e consequências práticas. Ensinar:

- Responsabilidade sobre ganhos e obrigações.
- Consequências do não cumprimento.
- Planejamento de gastos e sobras.

Materiais necessários:

- Um envelope (ou cofre pequeno) para a **mesada.**
- Um envelope separado para a **despesada** (contas mensais).
- Um quadro simples (papel ou planilha) com os **compromissos financeiros do mês.**
- Caneta + marcadores para controle visual.
- Uma cartolina ou mural intitulado: **"O contracheque do mês"**.

Passo a passo:

1. **Monte o salário**

Defina com a criança o valor da mesada mensal: exemplo, **R$ 100.** Divida esse valor assim:

- R$ 50 livres (mesada)
- R$ 50 comprometidos (despesada)

2. Construa o "ContraPix"

Monte uma tabela com o seguinte modelo:

ITEM	VALOR	CUMPRIU?	PAGO?
Arrumar a cama (todo dia)	R$ 20	☑/✕	R$ X
Lavar os pratos (uma vez por dia)	R$ 15	☑/✕	R$ X
Participar do jantar especial	R$ 5	☑/✕	R$ X
Serviço de quarto	R$ 10	☑/✕	R$ X

- Marque ao longo do mês se cada compromisso foi cumprido.
- No final do mês, pague **somente o proporcional ao que foi entregue**.

3. Ofereça bônus (ou penalidades)

Adicione recompensas por atitudes fora do combinado:

- Ajudou um irmão: +R$ 5
- Leu um livro: +R$ 10
- Faltou com respeito: -R$ 10
- Quebrou um combinado importante: -R$ 5

Assim como na vida adulta, o salário também pode ser impactado **por atitudes não previstas**.

4. Entrega oficial do "salário líquido"

No final do mês, reúna a criança e diga:

"Esse é o seu contracheque. Você ganhou R$ 100 no bruto, mas, após as despesas, penalidades e bônus, seu total líquido foi de R$ X."

Entregue o valor, mostre o porquê dos descontos e do bônus, e pergunte:

"O que você aprendeu neste mês sobre como usar seu dinheiro?"

O que essa atividade ensina?

- » Que dinheiro vem **com responsabilidade**.
- » Que **nem tudo que se ganha está disponível para gastar**.
- » Que **cumprimento de rotina** é o que garante estabilidade.
- » Que **atitudes positivas geram reconhecimento financeiro**.
- » E o melhor: tudo isso **sem planilha nem discurso chato.**

Dica bônus

Coloque, no final do mês, uma autoavaliação com três perguntas:

1. Do que eu mais me orgulho neste mês?
2. Onde eu poderia melhorar?
3. O que quero tentar no próximo mês?

Isso transforma a mesada em **um ciclo de aprendizado emocional e financeiro**.

Frase de fechamento

"A criança que aprende a administrar sua pequena mesada com seriedade será o adulto que não se perde quando o salário for grande."

Modelo de "ContraPix" Infantil – MoneyPlay #7

Este modelo simula o pagamento mensal da mesada e despesada da criança. Você pode imprimir, preencher à mão ou adaptar como planilha digital.

Tabela de compromissos do mês

ITEM/ATIVIDADE	VALOR (R$)	CUMPRIU? (☑/✕)	PAGO (R$)
Arrumar a cama (todo dia)	20,00		
Lavar os pratos (uma vez por dia)	15,00		
Participar do jantar especial	5,00		
Serviço de quarto	10,00		

Bônus e penalidades

EVENTO EXTRA	VALOR (R$)	APLICADO? (☑/✕)
Ajudou o irmão	+5,00	
Leu um livro	+10,00	
Faltou com respeito	-10,00	
Quebrou combinado importante	-5,00	

Resumo financeiro do mês

Mesada bruta: R$ 100,00

Total de descontos (despesada + penalidades): R$ ______

Total de bônus: R$ ______

Mesada Líquida Recebida: R$ ______

Autoavaliação do mês

1. Do que eu mais me orgulho neste mês?

---

2. Onde eu poderia melhorar?

---

3. O que quero tentar no próximo mês?

Curiosidade: por que ContraPix?

Se você cresceu ouvindo falar de **contracheque**, saiba que esse termo vem de uma época em que o salário era pago em **cheque de papel**. O "contracheque" era o recibo que **mostrava quanto você ganhava e quanto sobrava depois dos descontos**.

Mas hoje a maioria dos pagamentos chega por **Pix**, instantâneo, direto na conta – e os cheques viraram quase peças de museu.

Por isso, como gosto de atualizar conceitos antigos com uma pegada moderna (vide PlayLearn, Despesada, MoneyPlay...), decidi batizar o nosso modelo simbólico de salário da criança como: **ContraPix.**

Um novo nome para um novo tempo. Afinal, se o mundo mudou, **a linguagem da educação financeira também precisa evoluir**.

CAPÍTULO 9

HARMONIA FINANCEIRA: O EQUILÍBRIO ENTRE GANHO, GASTO E CONSCIÊNCIA

9.1 – MILIONÁRIO DE VERDADE: POR QUE SOBRAR É MAIS IMPORTANTE DO QUE GANHAR MUITO

Quem nunca sonhou em ser milionário?

Desde criança, essa palavra tem um brilho quase mágico. "Milionário" parece ser o símbolo máximo do sucesso. Mas será que você já parou para pensar o que realmente significa ser milionário?

De onde vem essa ideia?

A palavra **milionário** vem da França do século 18. Na época, era o nome dado àqueles que possuíam **mais de um milhão de francos**.

Hoje, se fôssemos usar a mesma lógica, precisaríamos converter esse valor para euros, depois para reais, corrigir pela inflação… e sabe qual seria o resultado?

Algo em torno de **R$ 25.452.328,45**.

Soa meio absurdo, né?

Milionário em qual moeda?

Vamos imaginar:

- Um argentino com 1 milhão de pesos – parece milionário, mas isso equivale a pouco mais de R$ 4 mil.
- Um brasileiro com R$ 1 milhão – parece muito, mas, dependendo do padrão de vida, **pode acabar em poucos anos**.

É por isso que **o número isolado não diz tudo**. Ser milionário **não é só ter muito dinheiro no banco**. É o que você **faz com o que ganha** – e, principalmente, **o que sobra no final do mês.**

Rico é quem gasta menos do que ganha

Agora veja esta frase que pode mudar sua forma de pensar sobre finanças para sempre:

Rico não é quem ganha muito. Rico é quem faz sobrar.

É isso mesmo.

E para lhe mostrar isso com clareza, vamos comparar duas famílias fictícias. Mas talvez você conheça versões reais delas por aí…

Família Stark (os discretos)

- Imóvel: **alugado**
- Carro: **simples**, R$ 100 mil
- Renda mensal: **R$ 15 mil**
- Gastos mensais: **R$ 8 mil**
- Saldo mensal: **+ R$ 7 mil**
- Valor investido: **R$ 2 milhões**

Família Lannister (os ostentosos)

- Imóvel: **próprio**, R$ 900 mil
- Carros: **dois modelos de luxo**, R$ 500 mil
- Renda mensal: **R$ 40 mil**
- Gastos mensais: **R$ 45 mil**
- Saldo mensal: **– R$ 5 mil**
- Valor investido: **R$ 200 mil**

Quem é mais rico?

Aparentemente, os Lannisters são os reis da cidade.

Mas vamos olhar com lupa:

- A renda deles é maior? **Sim.**
- A casa é própria? **Sim.**
- O patrimônio é maior? **Não.**
- A conta fecha no fim do mês? **Definitivamente, não.**

O que a gente aprende aqui?

Não importa o quanto você ganha. O que realmente importa é o quanto sobra.

Um novo conceito de riqueza

Quando você ensina seu filho que ser rico é ter carro de luxo, casa grande e viagem internacional, está mostrando **o lado de fora da riqueza.**

Mas o que garante uma vida tranquila **não é o que os outros veem.** É o que você **guarda, preserva e multiplica.**

A fórmula da verdadeira riqueza

Riqueza = Gasta < Ganha

Essa fórmula é simples, mas poderosa. Ela é a base do próximo subcapítulo, em que apresento o conceito autoral de **Harmonia Financeira.**

Mas, antes de seguir, faz um favor pra mim?

Tire uma foto desta parte do livro e me marque lá no Instagram: @prof.edgarabreu. Vamos mostrar que educação financeira começa com consciência – não com salário de seis dígitos.

9.2 – A FÓRMULA DA RIQUEZA

Gasta < Ganha

A esta altura, você já entendeu que **não é o tamanho do salário que define a riqueza**, mas, sim, o quanto sobra depois de pagar tudo.

E aqui nasce uma fórmula simples, mas poderosa:

Riqueza = Gasta < Ganha

Ou seja, se no final do mês **sobra alguma coisa**, você está construindo patrimônio. Se **falta**, você está cavando um buraco.

Simples, né?

Mas agora vem a parte mais importante: **entender por que isso é tão difícil de aplicar – e o que o conceito errado de equilíbrio tem a ver com isso**.

O que é equilíbrio, afinal?

Pense numa balança daquelas antigas – com dois pratos.

Para que haja equilíbrio, **os dois lados precisam estar com o mesmo peso**. Ou imagine um equilibrista, andando numa corda bamba: qualquer oscilação de um lado ou de outro… pode resultar em queda.

Equilíbrio é sinônimo de **igualdade entre forças opostas**. Quando um lado pesa mais, o outro cede.

E o que isso tem a ver com finanças?

Quando a gente fala de **equilíbrio financeiro**, o que estamos dizendo é que:

Crédito = Débito

Ganhos = Gastos

E aí entra o grande erro.

Porque **equilíbrio em finanças significa que você gasta tudo o que ganha**. O salário entra, o cartão consome, o mês vira – e a conta zera.

Parece controlado? Sim. Mas **não há sobra. Não há crescimento. Não há segurança**.

E é por isso que sou contra o termo "equilíbrio financeiro"

Equilíbrio financeiro é viver na corda bamba – sem cair, mas sem folga.

O ideal não é equilíbrio. O ideal é **harmonia**.

O que é harmonia financeira?

Pense numa música.

Ela não tem duas notas tocando o tempo todo com a mesma intensidade. Ela tem ritmo, pausa, variação. E, mesmo assim, **soa bem.**

Harmonia é quando as partes se relacionam de forma agradável, mesmo que sejam diferentes.

Nas finanças, a **harmonia financeira** é isto: a relação saudável entre crédito e débito, em que **os ganhos superam os gastos** – e essa diferença vira liberdade, segurança, investimento.

A nova fórmula da riqueza

A fórmula não é "crédito igual a débito".

A verdadeira fórmula é:

Crédito > Débito = Sobra

Sobra = Liberdade

É esse "a mais" no fim do mês que permite:

- Montar uma reserva.
- Realizar sonhos.
- Investir no futuro.
- Respirar tranquilo.

Como ensinar isso ao seu filho?

Mostre que:

- Nem tudo que ele ganha pode ser gasto.
- Se ele gasta tudo, **não sobra para nada**.
- Se ele aprende a guardar uma parte, ele terá **escolhas**.

Faça perguntas como:

- "Você quer gastar tudo hoje ou guardar um pouco pra algo maior?"
- "O que dá mais alegria: gastar agora ou ter liberdade depois?"

Ensinar harmonia é **ensinar consciência.**

9.3 – POUPADOR DEMAIS, GASTADOR DEMAIS: QUANDO O DESEQUILÍBRIO COMPROMETE O HOJE OU O AMANHÃ

Quando falamos de educação financeira, muitos pais focam conter os filhos gastadores.

"Ele gasta tudo no mesmo dia!"
"Nem viu o dinheiro cair e já foi embora com figurinhas, skins, snacks..."

Sim, o consumo impulsivo é um desafio real – mas e quando acontece o contrário?

E quando a criança **não gasta nada, tem medo de usar o dinheiro e sofre ao pensar em abrir o cofrinho?**

Você pode até pensar: "Ah, isso é ótimo! Ele é poupador!".

Mas o que parece prudência **pode ser desequilíbrio**. E é exatamente sobre isso que vamos falar agora.

Os dois extremos da (in)felicidade financeira

Educar financeiramente não é colocar seu filho para **gastar tudo agora**, nem ensiná-lo a **adiar eternamente todos os seus desejos**. É encontrar a **harmonia entre viver o hoje e se preparar para o amanhã**.

O Gastão: toda a felicidade concentrada no presente

A criança (ou o adulto) que gasta tudo assim que recebe está, na prática, dizendo: "A felicidade é agora. Não posso esperar. Preciso do prazer imediato".

Essa lógica traz um alívio momentâneo. Mas com ele vem uma grande incerteza:

- E se o brinquedo quebrar amanhã?
- E se surgir um desejo mais forte depois?
- E se acabar o mês e não tiver mais nada?

Quem gasta tudo agora **não tem margem para o inesperado, nem para o que realmente importa**. É como viver todas as suas alegrias **em um único episódio – e depois encarar o vazio**.

O Acumulador: toda a felicidade adiada para o futuro

Agora pense naquela criança que **guarda cada moeda, mas nunca compra nada**.

- Ela se orgulha do cofre cheio.
- Sente culpa ao pensar em gastar.
- Fica ansiosa com a ideia de reduzir o valor acumulado.

Na prática, ela está dizendo: "A felicidade só vem depois. Quando eu tiver muito. Quando eu puder mais".

Mas qual é o risco aqui?

- E se esse "depois" nunca chegar?
- E se ela passar a vida economizando e **nunca se permitindo viver?**

Quem guarda tudo agora corre o risco de **adiar a felicidade para um futuro que pode nem vir**.

É como fazer um bolo e nunca comer. Guardar para uma festa que talvez não aconteça.

O que ambos têm em comum?

A incerteza.

- Quem gasta tudo sofre com a incerteza financeira:
"E se faltar?"

- Quem guarda tudo sofre com a incerteza emocional:

"E se nunca for suficiente para me permitir viver?"

E o que é a harmonia financeira, afinal?

É a escolha consciente de **fazer o dinheiro trazer alegria hoje**, sem comprometer a **tranquilidade do amanhã**.

É tomar sorvete no fim de semana, mas guardar um pouco para uma viagem nas férias.

É comprar aquele brinquedo tão esperado, mas entender que não dá para comprar tudo de uma vez.

É ensinar que o dinheiro pode **servir ao presente** e **proteger o futuro**.

Como ensinar isso ao seu filho?

» Celebre o **gastar com consciência**.

"Você pensou, planejou, esperou – e agora realizou. Isso é inteligência emocional com o dinheiro."

» Estimule o **guardar com propósito**.

"Você está abrindo mão de agora para ter algo maior depois. Mas vamos lembrar de também aproveitar o caminho."

» Evite extremos.

"Gastar tudo cansa. Guardar tudo sufoca. O segredo está no meio."

Frase de ouro

Educar financeiramente é ensinar a viver bem hoje – sem comprometer o bem de amanhã.

9.4 – ANTES DE CORRIGIR, OBSERVE:

O comportamento financeiro do seu filho precisa de diagnóstico, não de intervenção

Depois de tudo que você leu até aqui, talvez esteja com vontade de levantar da cadeira, chamar seu filho e dizer: *"A partir de hoje, você vai gastar menos!"*. Ou: *"Você precisa parar de guardar tudo e aproveitar um pouco!"*.

Calma. Respira.

Antes de tentar **corrigir o comportamento financeiro** do seu filho, você precisa **entender quem ele é**. E, mais do que isso, **dar espaço para que ele lhe mostre**.

Não se trata de impor regras

Trata-se de observar **tendências**.

Imagine um médico prescrevendo um remédio antes de fazer qualquer exame. Ou um professor dando uma nota antes da prova. Em finanças, funciona do mesmo jeito: **você não pode ajustar o comportamento do seu filho sem primeiro diagnosticá-lo**.

Educação financeira é um processo de autoconhecimento

Se o objetivo é que seu filho aprenda a lidar com dinheiro, ele precisa ter a oportunidade de **errar, testar, ajustar – e ser observado.**

Dê espaço para ele se revelar

O próximo passo da educação financeira em casa é simples, mas poderoso:

Deixe seu filho assumir a gestão da própria mesada – por um tempo.

Sem intervenção. Sem julgamentos. Sem tentativas de "consertar" o que você acha que está errado.

O que vai acontecer?

Ele vai começar a tomar decisões.

- » Talvez gaste tudo no primeiro dia.
- » Talvez tenha medo de gastar.
- » Talvez faça um misto dos dois comportamentos.
- » Talvez surpreenda.

Mas, principalmente, ele vai **lhe mostrar quem ele é.**

E só depois disso você poderá **ajudá-lo a evoluir a partir da essência dele – e não da sua expectativa.**

O ciclo natural da construção de hábitos

1. **Liberdade com responsabilidade**
2. **Diagnóstico comportamental**
3. **Ajustes estratégicos**

E por que esse momento é tão importante?

Porque se você **corrige antes de observar**, pode:

- Reforçar culpas desnecessárias.
- Impedir o filho de desenvolver autogestão.
- Criar resistência e afastamento no processo educativo.

Por outro lado, **quando você observa com curiosidade, e não com julgamento**, você:

- Ganha informação valiosa.
- Cria conexão.
- E prepara o terreno para um desenvolvimento mais saudável.

O que vem a seguir?

Nos próximos capítulos, vou lhe mostrar:

- Como diagnosticar o perfil financeiro do seu filho.
- Como ajudá-lo a encontrar equilíbrio.
- E como construir, juntos, uma jornada de autonomia com consciência.

Mas, por agora, quero deixá-lo com uma simples missão:

Observe. Sem corrigir. Sem interferir. Só observe.

Acredite: o seu filho vai lhe mostrar **muito mais do que você imagina**.

MoneyPlay: Missão Pais e filho

Missão #8 – Um mês de liberdade (com lupa)

Objetivo: permitir que a criança **administre 100% da própria mesada** por um período predeterminado, **sem interferência dos pais**, para que eles possam observar com clareza **o perfil comportamental financeiro do filho**. A proposta é **não corrigir, não interferir, apenas registrar**.

Materiais:

- Um caderno, folha impressa ou planilha chamada **"Jornada do meu dinheiro"**.
- Canetas coloridas (opcional).
- Uma caixa ou um envelope para guardar comprovantes, bilhetes ou lembranças das decisões (ex.: embalagem de produto comprado).
- Uma folha extra para o pai ou a mãe, chamada: **"Ficha de observação silenciosa"**.

Etapas:

1. **Apresente o desafio para o seu filho**

Explique assim:

"Filho, neste mês você vai ser o único responsável por cuidar da sua mesada. Tudo que você gastar ou guardar será decisão sua. E eu não vou interferir, corrigir ou elogiar – só quero entender como você pensa o dinheiro."

Diga que esse será **um experimento**, no qual vocês vão aprender **juntos** – e que **ninguém vai ser punido, só compreendido**.

2. Entregue a mesada integral no primeiro dia do ciclo

Importante:

» O valor deve ser o combinado (ex.: R$ 100).

» Nada de antecipar, completar ou salvar a criança durante o mês.

» Nada de ameaças ou prêmios extras.

O foco é **ver como ela age com o que já tem – não como reage ao que falta ou sobra**.

3. Peça que ele anote cada decisão

Ele pode escrever frases simples como:

» "Comprei um lanche – R$ 12."

» "Dei R$ 5 pro amigo que esqueceu o lanche."

» "Guardei R$ 20 porque quero comprar um tênis."

» "Gastei R$ 40 em figurinhas e me arrependi."

O importante não é o valor – é **a reflexão sobre o ato**.

Se for criança pequena, pode ser em desenhos ou com a sua ajuda – mas sem interferência na decisão.

4. Faça sua própria ficha de observação silenciosa

Você, pai ou mãe, vai anotar:

» Em quanto tempo gastou tudo?

» Demonstrou arrependimento?

» Planejou alguma compra?

» Pediu dinheiro antes do fim do mês?

» Aguardou algum momento estratégico para gastar?

» Mostrou ansiedade ao usar o dinheiro?

Não compartilhe essas observações com a criança ainda. Isso é material de diagnóstico para os próximos capítulos.

5. No final do mês, sentem juntos

Mostre o caderno ou a folha do seu filho e a sua. Peça que ele lhe conte **como foi a experiência**:

- “Você gostou de tomar suas próprias decisões?”
- “Mudaria algo se pudesse voltar?”
- “Se ganhasse o dobro, faria igual?”
- “O que foi fácil? O que foi difícil?”

O que essa atividade ensina?

- Ensina a criança a pensar, errar e refletir.
- Ensina os pais a **observar antes de corrigir**.
- Prepara o terreno para o próximo passo: **descobrir o perfil comportamental do seu filho com o dinheiro**.

CAPÍTULO 10

DINHEIRO, ESCOLHAS E CONSEQUÊNCIAS

Como transferir consumo para o seu filho e revelar seu verdadeiro perfil

10.1 – O VALOR DA MESADA É UMA ILUSÃO SE NÃO VEM COM DECISÃO

Imagine que você definiu uma mesada de **R$ 50,00 por mês** para o seu filho. Uma quantia simbólica, justa, que "cabe no orçamento". Parece até uma ótima forma de educar.

Agora pare e pense:

- Quantas vezes por mês você paga um **cinema** para ele?
- Quantas vezes você banca um **joguinho, uma skin ou V-Bucks?**
- E aquele lanche extra depois do judô?
- A assinatura do game online?
- Um Pix para o docinho do recreio?

Agora faça a conta:

- R$ 50 da mesada
- R$ 50 em jogos e skins
- R$ 80 em delivery e iFood
- R$ 60 em cinema e lanches
- R$ 30 em "Pix emergenciais"

= **R$ 270,00 por mês**

O susto da matemática invisível

Você achava que dava R$ 50 de mesada, mas, sem perceber, **está entregando uma mesada real de R$ 270 – só que dividida entre dinheiro e mimos.**

O conceito de "cesta de mesada"

Esta é a reflexão que quero provocar em você agora. A verdadeira mesada do seu filho **não é o que você dá em dinheiro**. É tudo o que você **paga para ele viver como ele vive**.

Chamo isso de **cesta de mesada**. Ela é composta de dois tipos de itens:

1. **Dinheiro físico ou digital** – a mesada que você entrega direto na mão (ou Pix).
2. **Bens e serviços pagos por você** – que ele consome sem perceber que custam dinheiro.

E a grande **quebra de paradigma** é esta:

Não estamos aumentando a mesada. Estamos apenas transformando parte dela em dinheiro.

O que muda com essa transformação?

Tudo.

Porque quando você paga a conta do cinema, **seu filho assiste ao filme**. Mas quando ele tem que escolher entre ir ao cinema **ou guardar para comprar o jogo que quer...** A decisão se torna real. O dinheiro deixa de ser abstrato. **E nasce a consciência.**

A educação começa quando a decisão vira dele

Na prática, o que propomos aqui é:

1. Mapear tudo o que você já paga (sem perceber que é parte da mesada dele).
2. Somar esse valor à mesada tradicional.
3. Comunicar claramente: "A partir de agora, o dinheiro é seu. Mas **a decisão também é**".

Você não vai mais dar o Pix para o jogo. Nem pagar o cinema extra. Nem bancar o doce da cantina.

Tudo está **na nova mesada**. E agora é ele quem escolhe o que fica, o que sai, o que vale – e o que não.

Por que isso é tão poderoso?

Porque a criança **só aprende a priorizar quando é forçada a escolher**. E só desenvolve consciência **quando sente o impacto real de suas decisões**.

Não se trata de punição. Trata-se de **educação por transferência de responsabilidade**.

10.2 – COMO MONTAR A CESTA DE CONSUMO DO SEU FILHO

E transformar gastos invisíveis em decisões reais (sem gastar mais)

Se você chegou até aqui, já entendeu que a mesada não deve ser só um valor simbólico. Ela precisa vir acompanhada de **decisão e consequência real**. Mas antes de mudar qualquer valor, tenho uma dica essencial:

Não comece com a mesada "completa". Comece pequeno.

Etapa 1 – O período de observação: como seu filho consome quando você ainda paga tudo

Antes de fazer qualquer mudança, defina um valor simbólico de mesada – por exemplo, **R$ 50 por mês**. Esse será o valor que ele usará para coisas pequenas, livres, sem interferência sua.

Enquanto isso, você, pai ou mãe, vai **anotar tudo o que ainda paga para ele, fora essa mesada**.

Exemplo de acompanhamento:

ITEM	QUEM PAGOU?	VALOR APROXIMADO
V-Bucks Fortnite	Pai	R$ 60
Cinema com amigos	Pai	R$ 40
Pizza sábado à noite	Pai	R$ 80
"Pix de lanche" durante a semana	Pai	R$ 30
Presente de última hora	Pai	R$ 40
Total pago por fora da mesada		**R$ 250**

Etapa 2 – Faça a conta: quanto realmente seu filho já consome?

Aqui está a provocação:

Você acha que dá R$ 50 de mesada, mas, na prática, **já entrega R$ 300** por mês. Só que R$ 250 vão disfarçados em forma de presentes, delivery e mimos. E **nenhuma dessas decisões é dele**.

Etapa 3 – Faça a virada: transforme serviços pagos em dinheiro

Agora, sim, com base no que você já observou, você vai **aumentar a mesada** – mas não porque está sendo generoso, e sim porque **está transferindo responsabilidades**.

Pegue a soma dos gastos mensais que você ainda bancava (no exemplo: R$ 250) e adicione o valor "livre" que você deseja que ele tenha (por exemplo: R$ 50).

Nova mesada: R$ 300

Mas agora com um aviso claro:

> *"A partir de hoje, tudo o que está aqui nesta lista passa a ser pago por você. Você tem liberdade para escolher. E vai aprender com as consequências."*

Etapa 4 – Observe a mágica do "antes e depois"

Agora você tem dois cenários para comparar:

SITUAÇÃO	QUEM DECIDIA OS GASTOS?	VALOR NA MÃO DA CRIANÇA	CONSEQUÊNCIA PERCEBIDA
Antes	Pais	R$ 50	Nenhuma
Depois	Filho	R$ 300	Escolhas reais

A partir daí, surgem os verdadeiros aprendizados:

- » Ele **continua consumindo as mesmas coisas?**
- » Ele **trocou prioridades?**
- » Ele **passou a guardar parte do dinheiro?**
- » Ele **negociou com irmãos ou amigos para gastar menos?**
- » Ele **reclamou de ter que decidir? Ou se empolgou com a autonomia?**

Essas respostas revelam **quem ele é com o dinheiro – e como você pode educá-lo com mais precisão.**

Lembre-se: você não aumentou o custo da educação.

Você apenas **tirou a venda dos olhos.**

O dinheiro que antes era gasto no automático agora será gasto com consciência. E é essa transformação que vai construir um filho mais preparado para o mundo real.

10.3 – QUANDO O DINHEIRO É DELES, O COMPORTAMENTO MUDA

Depois de entender o conceito da **cesta de mesada** – e de mapear todos os gastos que eu, como pai, costumava bancar diretamente –, decidi aplicar o modelo completo com meus filhos gêmeos.

Mesmo sendo irmãos, criados na mesma casa, com a mesma educação e o acesso às mesmas oportunidades… **o comportamento deles com o dinheiro sempre foi radicalmente diferente.** E foi isso que a autonomia financeira escancarou.

A cesta real: mesada de R$ 600 para cada um

Após observar todos os consumos indiretos que eu bancava por fora, cheguei ao valor de **R$ 600 mensais para cada um**.

Essa mesada era composta da seguinte forma:

ITEM	VALOR ESTIMADO
Jogos digitais (V-Bucks, skins, passes)	R$ 200
Restaurante pós-judô/saídas	R$ 150
Delivery e snacks	R$ 100
Cinema e lazer presencial	R$ 50
Mimos, surpresas e pequenas compras	R$ 100
Valor livre (educacional)	**R$ 100**
Total	**R$ 700**

A lógica era simples:

> *"Filhos, agora vocês recebem esse valor completo. Mas toda a responsabilidade de consumo vem junto. O papai não vai mais pagar por fora. Vocês decidem o que vale ou não."*

A autonomia revela quem eles realmente são

Gabriel – O poupador estrategista

Gabriel sempre teve uma tendência natural à economia. Com a nova liberdade, ele:

- » Deixou de ir ao restaurante nas saídas do judô.
- » Propôs acordos com o irmão para **reduzirem certos gastos juntos**.
- » E usava as economias para **aumentar sua reserva pessoal**.

Resultado? Gabriel não apenas manteve o perfil poupador – ele o **potencializou**. A liberdade reforçou o comportamento.

Guilherme – O trocador de prioridades

Guilherme, por outro lado, é o perfil gastador desde sempre. Mas isso não significa que ele não aprendeu nada.

- » Ele também deixou de ir ao restaurante.
- » Mas redirecionou esse dinheiro para **mais jogos, mais skins, mais experiências digitais**.
- » O que antes era gasto com comida fora agora virava diversão online.

Resultado? **Guilherme não reduziu o consumo. Ele apenas trocou a cesta**. O comportamento seguiu intenso – mas agora era **decidido por ele**.

E é isto que essa virada revela: o perfil, não o desempenho

O objetivo dessa etapa não é ver quem poupa mais. Nem forçar ninguém a guardar dinheiro. É observar, com lupa e respeito, **quem seu filho é com o dinheiro quando o dinheiro é dele**.

E esse comportamento, natural e livre de intervenção, será a base para o que faremos nos próximos capítulos: **identificar o perfil comportamental do seu filho e ajustar a rota, se necessário**.

MoneyPlay: Missão Pais e Filho

Missão #9 – "Agora é com você"

Simulação prática de transferência de consumo para revelar o perfil financeiro do seu filho

Objetivo: transformar gastos pagos pelos pais em **decisões do filho**, observando **mudanças de comportamento, trocas de consumo e reações naturais** à autonomia.

Passo a passo:

1. **Escolha um mês de observação**

Durante os próximos trinta dias, anote *todos os gastos indiretos* que você costuma pagar para seu filho, como:

- Jogos, passes, skins.
- Delivery, lanches, saídas pós-escola.
- Ingressos de cinema.
- Mimos, brinquedinhos, "Pix de última hora".

Use uma planilha simples ou até um caderno para registrar.

2. **Defina o valor livre da mesada**

Decida qual valor você gostaria que seu filho tivesse disponível para guardar, investir, usar com liberdade.

Exemplo: R$ 100 por mês.

3. **Monte a cesta de mesada**

Soma dos gastos indiretos + valor livre desejado = **nova mesada integral**.

Exemplo: R$ 100 (jogos) + R$ 80 (lanche) + R$ 120 (cinema, delivery, extras) + R$ 100 (valor livre) = **R$ 400 de mesada total**

4. **Comunique a regra da autonomia**

Explique com clareza e carinho: "A partir do próximo mês, tudo isso vai estar na sua mesada. O papai e a mamãe não vão mais pagar essas coisas por fora. Você pode continuar fazendo tudo... mas agora quem decide – e paga – é você".

5. **Observe (sem interferir) por dois a três meses**

Acompanhe o comportamento da criança:

- Mantém os mesmos consumos?
- Troca gastos por outros?
- Começa a economizar?
- Reclama, negocia, planeja?

Evite corrigir ou julgar. Apenas registre.

Bônus: registre as conclusões

Ao final do período, anote:

- » O que surpreendeu você?
- » Seu filho valorizou mais o dinheiro?
- » O consumo diminuiu, aumentou ou só mudou de forma?

Este MoneyPlay prepara o terreno para o próximo passo: **identificar o perfil financeiro do seu filho com base no comportamento real**.

CAPÍTULO 11

ENTRE GASTÃO E RESERVA: COMO NASCE UM PERFIL FINANCEIRO

11.1 – O PERFIL DO INVESTIDOR COMEÇA NA INFÂNCIA

Você já ouviu falar em API?

Não, não estou falando de programação ou tecnologia. Estou falando da **Análise do Perfil do Investidor** – uma ferramenta usada no mercado financeiro para tentar descobrir como uma pessoa lida com risco, rendimento e decisões financeiras.

É muito comum que, antes de investir em algo, o banco ou a corretora peça para você responder a algumas perguntas. O objetivo é entender se você é:

- **Conservador**, e prefere segurança total mesmo que ganhe pouco;
- **Moderado**, que aceita algum risco se a chance de retorno for boa;
- Ou **arrojado**, alguém que não tem medo de enfrentar perdas temporárias em busca de maiores ganhos no futuro.

Algumas instituições chamam o arrojado de "agressivo", mas, sinceramente? Eu não gosto desse termo. Soa como se o investidor fosse sair no soco com o gerente se as ações caírem. **Prefiro o termo "arrojado"**, que representa alguém ousado, estratégico – e não impulsivo.

Mas tem um problema nesse tipo de teste...

Por mais bem formulado que seja, o questionário da API tem um limite claro: ele tenta adivinhar o **comportamento real** da pessoa **com base em perguntas teóricas**.

E isso é um problema por alguns motivos:

- » Muita gente responde o que *acha* que é certo, e não o que realmente faria.
- » Outros chutam sem pensar, ou respondem com base no que *gostariam* de ser – e não no que são.
- » E a maioria **nunca enfrentou de verdade uma situação que testasse seu perfil**.

Ou seja: o teste pode errar feio.

Com crianças, a abordagem precisa ser diferente

No nosso caso, a ideia não é descobrir **onde investir** o dinheiro do seu filho. Estamos em uma fase anterior a isso. Antes de pensar em ações, CDBs, fundos ou criptoativos, precisamos garantir que a criança saiba fazer o básico: **gastar com consciência, guardar com propósito e gerar sobras com consistência**.

Isso, por si só, já é educação financeira de verdade.

Por isso, o que proponho aqui não é um questionário. É algo muito mais próximo do mundo real: **analisar o comportamento prático** do seu filho com o dinheiro, ao longo do tempo. Assim como os bancos fazem com os adultos.

O "Behavior Score" do banco... versão infantil

Quando você abre uma conta em um banco, eles não saem lhe oferecendo crédito logo de cara, certo?

Mesmo que sua renda seja alta, eles **esperam para ver seu comportamento**:

- Se você paga contas em dia.
- Se deixa saldo na conta.
- Se gasta tudo ou poupa alguma coisa.
- Se movimenta o cartão de forma consciente.

Essa análise contínua é chamada de **Behavior Score** – uma pontuação de comportamento. Ela ajuda o banco a entender **como você lida com o dinheiro na prática**, e não na teoria.

E é exatamente isso que vamos fazer com nossos filhos.

Nasce aqui o "Behavior Score do Bebê"

Você não vai aplicar um questionário para descobrir o perfil financeiro do seu filho. Vai dar **liberdade, observar, registrar e ajustar**.

Vamos chamar isso de **"Behavior Score do Bebê"**.

Um método simples e efetivo para que você identifique, sem julgamentos e com muita leveza, **quem seu filho é com o dinheiro quando o dinheiro é dele**.

Nos próximos tópicos, você vai conhecer três perfis infantis clássicos: João Gastão, Renata Reserva e Clara Comedida. Eles vão ajudá-lo a entender melhor o comportamento do seu filho – e como direcioná-lo com amor, inteligência e estratégia.

Vamos em frente?

11.2 – JOÃO GASTÃO, RENATA RESERVA E CLARA COMEDIDA

Sabe aquelas cenas que a gente vive como pais e que parecem até repetidas?

- Você entrega a mesada no dia 1… e no dia 2 já vem o pedido: "Acabou".
- Ou, então, há aquele filho que guarda tudo o que ganha – até o dinheiro do dente de leite, e morre de medo de gastar.
- E, em casos mais raros (mas lindos), aquele que **guarda um pouco, gasta um pouco e ainda lhe conta orgulhoso o que fez com cada parte**.

Pois bem. Com base nesses comportamentos reais, desenvolvi uma forma prática e carismática de categorizar os **três perfis financeiros infantis mais comuns**.

Vamos conhecer?

João Gastão – "Mesada paga, mesada gasta"

João Gastão é aquela criança que **gasta tudo que recebe – e rápido**.

Não importa se é mesada, presente da avó ou moedinhas achadas no sofá: tudo vira consumo imediato.

Se você observar o comportamento do João Gastão ao longo de um mês, vai ver algo assim:

- Dia 1: recebe a mesada.
- Dia 1 à tarde: já gastou.
- Dias 2 a 30: está contando os dias para o próximo pagamento.

O problema? Esse padrão não só impede a construção de reservas, como também pode normalizar o hábito de gastar mais do que se ganha – abrindo espaço, lá na frente, para dívidas, parcelamentos desnecessários e descontrole emocional com o dinheiro.

Se o seu bebê se parece com o João Gastão, não se desespere. **O importante agora é observar, não corrigir**. A fase de ajuste vem depois.

Renata Reserva – "Tudo que entra... guarda!"

Renata Reserva é o extremo oposto do João. Ela **não gasta quase nada**. Guarda tudo. E se você der R$ 20, ela quer saber como fazer para guardar R$ 25 (risos).

Ela se sente mais segura vendo o valor acumulado. E, às vezes, tem até receio de gastar e "estragar" o que poupou.

O risco aqui não é a falta de disciplina – é o excesso. Renata pode crescer com um olhar rígido demais para o dinheiro, com dificuldade de viver o presente, curtir momentos, fazer trocas saudáveis.

E como você já aprendeu neste livro, **a gente não quer filhos ricos, a gente quer filhos conscientes** – que saibam **equilibrar prazer e responsabilidade**.

Clara Comedida – "Um pouquinho pra hoje, um pouquinho pro amanhã"

Ah… a Clara! Clara Comedida é símbolo da **harmonia financeira na infância**.

Ela entende que o dinheiro precisa ter um destino, mas também sabe que **o presente importa**. Por isso:

- Guarda uma parte da mesada (geralmente entre 20% e 40%).
- Gasta com intenção, não por impulso.
- E até começa a planejar pequenas conquistas.

É como se Clara tivesse um radar natural para fazer boas escolhas. E o mais incrível: ela não precisa ser perfeita – ela **erra, aprende e melhora**.

O que Clara nos ensina é que **a educação financeira de verdade não busca controle total**, e sim consciência e leveza.

Por que esses personagens ajudam?

Porque eles servem como **bússolas emocionais**. Eles o ajudam a enxergar o comportamento do seu filho com clareza, sem culpa e sem idealizações.

E o objetivo não é que todo mundo se torne "Clara Comedida". O objetivo é **ajudar cada criança a encontrar sua própria versão de equilíbrio**, com o tempo, com apoio e com exemplos reais em casa.

11.3 – A CURVA DO COMPORTAMENTO FINANCEIRO

Quando a gente fala em *poupança*, muitos pensam automaticamente na **caderneta de poupança**. Aquela mesma, do banco, com rendimento baixo, mas com nome popular e presente em quase todas as conversas sobre finanças.

Mas deixa eu lhe contar uma coisa importante – e que precisa ficar muito clara desde já:

Poupança é um ato, não um lugar. Poupar é guardar parte do que se ganha.

Onde esse dinheiro será guardado? Isso é outra história. Pode ser:

- Uma conta digital
- Um cofrinho
- Um investimento
- Ou, sim, a caderneta de poupança

Neste livro, **quando eu falar de poupança**, estou falando **do hábito de guardar**, e não de um produto financeiro específico.

Inclusive, decidir onde guardar o dinheiro – se vai ser em Tesouro Direto, ações, poupança, cripto ou qualquer outra opção – é um tema importante, mas que **vamos abordar em um segundo livro**.

O nosso foco aqui é **formar o hábito. Construir o comportamento. Criar sobras**.

O que é, então, a poupança do seu filho?

É a **diferença entre o que ele ganha e o que ele gasta**.

Se ele ganha R$ 150 por mês e gasta R$ 100, poupou R$ 50. Não importa se esse valor ficou no porquinho, no aplicativo do banco ou na gaveta da cômoda.

O que importa é que **ele escolheu não consumir tudo o que tinha**. E é nesse ponto que a mágica começa.

A "Curva da Poupança Infantil" – Como um gráfico de crescimento do pediatra

Você já deve ter levado seu filho ao pediatra e recebido aquele gráfico de crescimento, certo?

Peso, altura, percentis... A comparação não é entre crianças diferentes, mas entre uma **criança e sua própria curva esperada ao longo do tempo**.

E aqui nasce um conceito que criei especialmente para este livro: **Índice de Poupança Infantil (IPI)**.

Esse índice é como a régua de crescimento da educação financeira. Serve para acompanhar **se o comportamento do seu filho está se desenvolvendo com saúde, equilíbrio e consciência**.

Qual é o padrão ideal?

- **Menos de 20% poupados:** sinal de alerta – está gastando tudo ou quase tudo.
- **Entre 20% e 40%:** parabéns! Estamos na zona da harmonia.
- **Mais de 40%:** atenção! Pode estar guardando demais e deixando de viver o presente.

Lembrando: isso **não é uma fórmula exata**. É um **guia**, um **indicador**, uma **bússola para pais conscientes**.

Porque assim como crescer demais em pouco tempo pode ser um problema físico, **poupar demais também pode ser sinal de medo, insegurança ou rigidez excessiva com o dinheiro**.

O que queremos é uma **relação saudável, fluida e natural com o ato de poupar**.

11.4 – COMO CALCULAR O ÍNDICE DE POUPANÇA INFANTIL (IPI)

Agora que você já entendeu que **poupar é um comportamento, não um produto financeiro**, e que o objetivo aqui não é formar investidores mirins, mas **crianças com autonomia e consciência sobre dinheiro**, chegou a hora de colocar a mão na massa.

Assim como o pediatra mede o crescimento com base em alguns dados simples – altura, peso e idade –, **você vai medir o comportamento financeiro do seu filho usando dois dados bem diretos: quanto ele recebe e quanto ele guarda**.

Passo 1 – Aguarde os dois primeiros meses sem interferência

Os dois primeiros meses de mesada e despesada são de **adaptação e descoberta**. Seu filho pode:

- Gastar tudo com empolgação.
- Guardar tudo com medo de gastar.
- Ou testar comportamentos extremos.

Esse período é como a "fase de adaptação escolar": observe, incentive a responsabilidade, mas **não tire conclusões ainda**.

Passo 2 – Anote os dados dos meses 3, 4, 5 e 6

A partir do terceiro mês, o comportamento começa a se estabilizar.

Acompanhe, mês a mês, **quanto seu filho recebeu de mesada total** (lembrando que já incluímos os valores da despesada no cálculo) e **quanto ele efetivamente guardou**.

Use uma tabela como esta para facilitar:

MÊS	MESADA RECEBIDA	VALOR GUARDADO	GASTOS	% POUPANÇA
3	R$ 150	R$ 70	R$ 80	46,6%
4	R$ 150	R$ 110	R$ 40	73,3%
5	R$ 150	R$ 110	R$ 40	73,3%
6	R$ 150	R$ 100	R$ 50	66,6%

Passo 3 – Calcule o Índice de Poupança Infantil

Agora, some:

- **Total das mesadas recebidas nos meses 3 a 6**
- **Total poupado nesses mesmos meses**

E use a seguinte fórmula:

IPI = (valor total poupado ÷ valor total da mesada) × 100

Usando os dados da tabela na página anterior:

- Mesada total: R$ 600
- Valor guardado: R$ 390

IPI = (390 ÷ 600) × 100 = 65%

E agora, o que esse número significa?

Abaixo de 20% → Perfil João Gastão

Seu filho está gastando demais. Precisamos criar metas de economia, reforçar a importância de guardar e talvez reformular a despesada para reduzir o impulso de consumo.

Acima de 40% → Perfil Renata Reserva

Seu filho está guardando demais. Pode estar com medo de gastar, inseguro ou apegado. Incentive pequenos prazeres, mostre que gastar com consciência também é saudável.

Entre 20% e 40% → Perfil Clara Comedida

Parabéns! Você encontrou a zona de harmonia. Mantenha o acompanhamento e elogie o comportamento equilibrado do seu filho.

E se o índice variar?

Excelente pergunta! O comportamento financeiro, assim como o emocional, **não é fixo**.

- Uma criança que hoje é João Gastão pode evoluir para Clara Comedida com o tempo e os estímulos certos.

- Uma Renata Reserva pode descobrir o prazer de consumir com propósito, sem culpa.

Por isso, o **IPI deve ser acompanhado mês a mês**, ou pelo menos a cada trimestre.

Lembre-se: **você não está julgando, você está diagnosticando**. E, como qualquer bom diagnóstico, o objetivo é **ajustar, orientar e apoiar**.

MoneyPlay: Missão Pais e Filho

Missão #10: Diagnóstico financeiro do bebê – Descubra o perfil do seu filho

Objetivo: ajudar pais e mães a identificarem, de forma lúdica e estruturada, o perfil financeiro natural de seus filhos a partir da mesada e da despesada.

Antes de começar:

- Certifique-se de que seu filho já esteja recebendo a mesada há pelo menos três meses.
- Aplique este MoneyPlay apenas após o período de adaptação (os dois primeiros meses), conforme orientado no capítulo.

Passo 1 – Organize os dados

Monte uma pequena "planilha" com seu filho. Pode ser feita:

- Em uma folha de papel.
- Em um caderno de finanças da família.
- Ou até mesmo em um aplicativo simples de anotações.

Monte algo assim:

MÊS	MESADA RECEBIDA	GASTOS	VALOR GUARDADO
Mês 3	R$ ___	R$ ___	R$ ___
Mês 4	R$ ___	R$ ___	R$ ___
Mês 5	R$ ___	R$ ___	R$ ___
Mês 6	R$ ___	R$ ___	R$ ___

Passo 2 – Calcule o Índice de Poupança Infantil (IPI)

Ajude seu filho a fazer o cálculo:

IPI = (soma do valor guardado ÷ soma das mesadas recebidas) × 100

Se quiser deixar mais divertido, desenhe um **termômetro colorido**, com as três faixas comportamentais:

- **João Gastão** – abaixo de 20%
- **Clara Comedida** – entre 20% e 40%
- **Renata Reserva** – acima de 40%

Deixe a criança colorir onde ela se encaixa!

Passo 3 – Interprete com empatia (e elogio!)

Agora é a hora da conversa.

Use frases como:

- "Olha que interessante, você conseguiu guardar X% do seu dinheiro!"
- "O que você mais gostou de ter feito com seu dinheiro?"
- "Tem algo que você se arrependeu de não ter feito?"
- "Você acha que foi fácil ou difícil guardar esse valor?"

Importante: não julgue. Apenas **observe, ouça e estimule a reflexão**.

Dica bônus

Tire uma foto da tabela com seu filho e poste nos stories marcando **@prof.edgarabreu** com a hashtag: **#PerfilFinanceiroDoMeuBebê**

Vamos construir juntos a maior geração de crianças financeiramente conscientes da história!

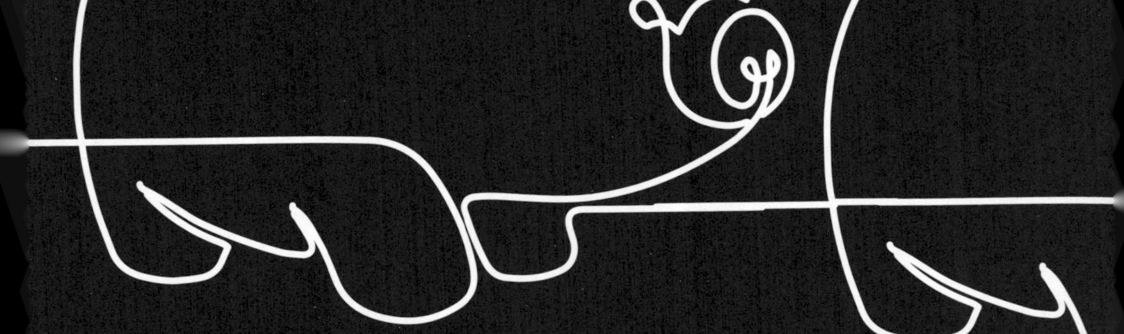

CAPÍTULO 12

OS TRÊS PORQUINHOS FINANCEIROS: CURTO, MÉDIO E LONGO PRAZO

12.1 – POR QUE UM PORQUINHO SÓ NÃO É O BASTANTE?

Lá no início deste livro, eu lhe mostrei como o velho hábito de dar um único porquinho para seu filho guardar dinheiro pode parecer fofo, mas **é financeiramente equivocado**. E agora chegou a hora de aprofundar esse raciocínio.

Afinal, **por que não devemos guardar todo o dinheiro em um único porquinho?**

Porque quando colocamos tudo em um único lugar, estamos ensinando – mesmo que sem querer – a **concentração de recursos**, e não a **diversificação**. E diversificar é um dos conceitos mais importantes quando falamos de educação financeira.

Agora, você pode estar pensando: "Mas o que uma criança precisa saber sobre diversificação?".

A resposta é simples: **ela precisa sentir, vivenciar e entender que dinheiro tem tempos e propósitos diferentes**. E o melhor jeito de ensinar isso é dividir a mesada – ou salário, como gosto de chamar – **em mais de um porquinho**, cada um com um objetivo específico.

E é aqui que entra uma das fábulas mais conhecidas da infância, que por acaso **ensina exatamente o que precisamos**: a história dos três porquinhos.

Você se lembra dela?

Cada porquinho construiu uma casa diferente. Um escolheu **palha**, outro **madeira**, e o terceiro optou por **tijolos**. Quando o lobo apareceu, só uma das casas resistiu. A de tijolos. Mas… e se os três porquinhos tivessem apostado tudo numa única casa?

- Se fosse a de **palha**, todos estariam em apuros.
- Se fosse a de **madeira**, teriam resistido um pouco mais, mas ainda assim fracassariam.
- E se fosse a de **tijolos**, teriam a melhor proteção – mas... será que todos teriam tempo, dinheiro e paciência para construir algo tão sólido desde o início?

Aqui está a grande lição: **apostar tudo em uma única estratégia pode funcionar, mas também pode colocar tudo a perder**. E o mais importante: **cada tipo de construção tem seu tempo, seu custo e seu propósito**.

Assim também é com o dinheiro.

Existem momentos em que vamos precisar de recursos rapidamente, como quando seu filho quiser comprar um brinquedo ou sair para um passeio inesperado. Mas há outras situações que exigem **paciência**, **esforço contínuo** e **visão de longo prazo**, como juntar para uma bicicleta, um videogame novo ou até uma viagem dos sonhos.

Então a pergunta que fica é:

O que a fábula dos três porquinhos pode nos ensinar sobre como ensinar nossos filhos a investir com inteligência?

É isso que vamos explorar a partir de agora.

12.2 – O QUE SIGNIFICA INVESTIR: O PODER DE ADIAR O PRAZER

Você já ouviu a expressão "tempo é dinheiro", certo? Pois é... Quando falamos em **investir**, estamos falando, essencialmente, de **tempo**. E, principalmente, da **relação entre o tempo e o prazer de consumir algo**.

Mas antes de qualquer coisa, vamos esclarecer uma confusão comum:

Investir não é guardar dinheiro na poupança. A caderneta de poupança é apenas **um dos vários lugares** onde se pode investir. Mas **investir é muito mais do que isso.**

Investir é o ato de poupar – ou seja, não consumir hoje – com o objetivo de ter mais no futuro. É abrir mão de um brinquedo hoje para conquistar um sonho maior amanhã.

E o que isso tem a ver com o comportamento do seu filho?

Bom... tem tudo a ver.

O teste do marshmallow: quando esperar vale mais

Nos anos 1970, um psicólogo chamado **Walter Mischel** realizou um experimento simples, mas poderoso. Ele colocou crianças, sozinhas, em uma sala com um **único marshmallow** sobre a mesa. A proposta era a seguinte:

> *"Se você conseguir esperar quinze minutos sem comer o marshmallow, eu te dou mais um. Você vai ganhar dois. Mas, se comer antes, não ganha o segundo."*

Esse experimento ficou conhecido como o **Teste do Marshmallow.** E o que ele revelou foi surpreendente.

A maioria das crianças **não conseguiu esperar.** Elas comeram o doce antes de o tempo acabar.

Mas algumas... esperaram. E ganharam o segundo marshmallow.

Décadas depois, ao acompanharem a vida dessas crianças, os pesquisadores perceberam que **aquelas que conseguiram esperar:**

- Tiveram melhores notas na escola.
- Conquistaram maior estabilidade emocional.
- Tiveram mais sucesso profissional e financeiro.

Em outras palavras: **souberam adiar o prazer imediato em nome de algo maior.**

A lógica por trás: o valor do futuro diminui com o tempo

Esse comportamento pode ser explicado por um conceito que você, como pai ou mãe, **precisa dominar para ensinar seu filho a investir**: a chamada **taxa de desconto temporal**.

Funciona assim: o ser humano tende a **valorizar mais o presente** do que o futuro. Por isso, **receber R$ 10 hoje parece mais interessante do que R$ 20 na semana que vem.**

A mente "desconta" o valor do futuro. Ela pensa: "Pra que esperar? Melhor garantir logo o prazer agora".

Isso é ainda mais forte nas crianças, que vivem intensamente o presente. **Esperar parece um castigo. O futuro parece distante demais.**

Mas e se a recompensa for maior?

Vamos testar outro cenário:

- **Opção 1**: R$ 10 agora.
- **Opção 2**: R$ 50 daqui a uma semana.

Agora já fica mais difícil decidir, certo?

Quando a recompensa futura **supera bastante** a recompensa imediata, a mente começa a repensar. A taxa de desconto "vale a pena".

É aí que nasce a lógica do investimento:

Eu deixo de consumir algo agora, porque entendo que esse sacrifício vai me render muito mais no futuro.

Como isso vira um aprendizado prático para o seu filho?

Você não precisa dar uma aula teórica sobre taxa de desconto. Mas pode mostrar isso na prática.

Vamos imaginar que você dá uma mesada semanal de R$ 30. Aí você diz ao seu filho:

> *"Se você não gastar tudo nesta semana e conseguir guardar R$ 10, eu dobro esse valor. Em vez de R$ 10, você vai ganhar R$ 20 no fim do mês."*

Com isso, você está:

- Ensinando a poupar.
- Mostrando que guardar tem benefício.
- E introduzindo a lógica de que **esperar gera multiplicação** – o princípio básico do juro composto e da educação financeira de longo prazo.

Investir é dar sentido ao tempo

Ensinar o seu filho a investir **não começa com ações, fundos ou bitcoin**. Começa com algo muito mais simples – e poderoso:

Ajudar seu filho a entender que o futuro também importa. Que é possível – e inteligente – guardar hoje para conquistar algo melhor amanhã.

Investir é **transferir um pedaço da felicidade de hoje para o futuro**. E o mais bonito? Isso pode ser feito com R$ 5, R$ 10 ou R$ 50. O valor importa pouco. O que realmente conta é o **hábito que está sendo construído**.

12.3 – O PORQUINHO DA CASA DE PALHA: O VALOR DO AGORA

Você lembra a história dos três porquinhos? O primeiro construiu sua casa com palha. Foi rápido, fácil, barato. Mas também... frágil. Ao primeiro sopro do lobo, a casa caiu.

A casa de palha representa aquilo que é feito **sem planejamento de longo prazo**. Aquilo que **traz resultado imediato, mas não sustenta**. E esse conceito serve como metáfora perfeita para ensinar aos nossos filhos sobre o **curto prazo nas finanças**.

A função do porquinho de palha: liberdade e liquidez

O **primeiro porquinho financeiro** deve ser o que chamamos de **cofre do curto prazo** – aquele dinheiro que pode ser acessado com facilidade, a qualquer momento. É como uma "casa de palha": está sempre à disposição.

Esse porquinho serve para cobrir:

- Pequenas vontades da criança (um doce, uma figurinha, um brinquedo simples).
- Desejos momentâneos.
- E até emergências de última hora (quebrou um brinquedo, perdeu o lápis da escola etc.).

A regra é simples:

Pode ser acessado sempre, mas precisa ser usado com consciência.

O que ele ensina

Esse primeiro porquinho é uma excelente oportunidade para trabalhar três conceitos-chave com seu filho:

1. **Liquidez**: ele aprende que há valores que estão sempre "à mão" – e isso pode ser bom, mas também perigoso se for mal administrado.
2. **Autonomia**: como ele pode acessar esse cofre com mais frequência, começa a tomar decisões de forma mais independente.
3. **Consequência do impulso**: se ele gasta tudo na primeira semana, não sobra para os dias seguintes. E aí entra a lição prática: *quem gasta tudo hoje não tem nada amanhã.*

Um experimento para pais: deixar o dinheiro desaparecer

Imagine esta situação:

Seu filho recebe R$ 100 no mês. Você orienta que **R$ 40 vá para o porquinho de palha** (conforme a divisão que vamos ver em breve).

A regra é: ele pode gastar **o quanto quiser, quando quiser – mas só o que estiver nesse porquinho**.

Dê liberdade. Observe.

Você vai perceber um padrão se formando:

- Algumas crianças gastam tudo no primeiro fim de semana.
- Outras guardam um pouco para "um presente maior".
- Algumas ficam frustradas quando o dinheiro acaba e aprendem que **dinheiro é recurso finito**.

Esta é a beleza desse primeiro porquinho:
Errar aqui dói pouco – mas ensina muito.

Exemplo real: o lanche do shopping

Você está passeando com seu filho no shopping. Ele quer um combo de hambúrguer e batata frita. Custa R$ 35. Você pergunta: "Vai pagar com o dinheiro do porquinho de palha?".

Ele pensa. E aqui nasce o dilema:

- Se pagar, vai satisfazer a vontade agora – mas talvez não possa comprar nada o resto do mês.
- Se guardar, vai deixar o desejo passar – mas terá mais recursos para outro objetivo.

Você não precisa interferir. **O papel dos pais sé dar clareza, não controlar a decisão.**

Deixe que o próprio filho **experimente o custo do agora e o valor do depois**.

Frequência de abertura

Sugestão prática: esse porquinho pode ser aberto **semanalmente ou quinzenalmente**, dependendo da rotina da criança.

É importante que tenha **ciclos curtos**, pois o objetivo aqui é **criar repetição de decisão** – quanto mais vezes ele puder errar, refletir e se aprimorar, melhor.

Resumo do porquinho de palha

CARACTERÍSTICA	DETALHES
Prazo	Curto - consumo imediato
Objetivos	Lanches, brinquedos baratos, figurinhas, pequenos desejos
Liquidez	Alta - pode ser usado com frequência
Aprendizado	Autonomia, limite, impulso, escassez
Abertura	Semanal ou quinzenal
Percentual sugerido da mesada	40%

12.4 – O PORQUINHO DA CASA DE MADEIRA: O VALOR DA PACIÊNCIA

Se a casa de palha foi feita com pressa e caiu ao primeiro sopro do lobo, a **casa de madeira** resistiu um pouco mais. Ela exigiu **mais esforço, mais tempo**, mas ainda assim **não era inabalável**.

No mundo das finanças infantis, essa é a metáfora perfeita para o **porquinho do médio prazo**: aquele que **ensina seu filho a esperar, a se planejar** e **a pensar além da semana seguinte**.

Por que esse porquinho importa?

Esse segundo cofrinho **não serve para os desejos do agora**, mas também **não é tão distante quanto os sonhos de longo prazo**.

É o porquinho do meio do caminho. Aquele que ensina **que nem tudo o que queremos é para já... mas também não precisa levar anos**.

O que esse porquinho ensina

- **Planejamento**: seu filho começa a aprender que precisa organizar o dinheiro pensando no futuro.
- **Autocontrole**: ele sabe que aquele brinquedo mais caro, ou aquela viagem especial, precisa de tempo.
- **Paciência recompensada**: quanto mais ele espera e acumula, maior a recompensa.

Quando usar esse cofrinho?

Esse porquinho deve ser reservado para:

- **Brinquedos mais caros**, como um LEGO especial, uma boneca de coleção ou um jogo de videogame.
- **Atividades programadas**, como uma viagem nas férias, uma visita a um parque temático ou um passeio com os amigos.
- **Desejos de médio prazo**, como comprar uma bicicleta, um smartwatch ou um tênis especial.

Aqui, estamos falando de **objetivos entre três meses e um ano**.

Exemplo prático: o videogame dos sonhos

Imagine que seu filho quer comprar um console novo que custa R$ 1,2 mil. Você sabe que ele tem **R$ 50 de sobra todo mês** da mesada.

Se ele guardar no porquinho da palha, vai gastar tudo com bobagens no primeiro mês. Mas, se entender que existe um **porquinho da madeira**, em que o dinheiro não pode ser acessado com tanta frequência, ele vai:

1. **Estabelecer uma meta clara**: "Quero comprar esse videogame".
2. **Calcular quanto tempo levará**: doze meses de economia.
3. **Controlar o impulso**: porque ele sabe que, *cada vez que não gasta no agora, se aproxima mais do sonho.*

Esta é a beleza desse porquinho:

Ele ensina que **esperar vale a pena**.

Abertura controlada

Sugestão prática: esse porquinho só deve ser aberto **uma ou duas vezes por ano**, com planejamento prévio.

Isso reforça o conceito de que **os sonhos maiores exigem mais disciplina**.

Resumo do porquinho de madeira

CARACTERÍSTICA	DETALHES
Prazo	Médio – entre três meses e um ano
Objetivos	Bicicleta, brinquedo caro, viagem especial
Liquidez	Média – acesso limitado
Aprendizado	Paciência, foco, planejamento
Abertura	Semestral (ou uma vez por objetivo atingido)
Percentual sugerido da mesada	30%

12.5 – O PORQUINHO DA CASA DE TIJOLOS: O VALOR DO FUTURO

Na fábula original, o terceiro porquinho foi o mais paciente e dedicado. Enquanto os irmãos se contentavam com palha e madeira, ele escolheu o caminho mais difícil: **construir com tijolos**. Levou mais tempo, deu mais trabalho, mas a casa ficou **forte, resistente e segura**. Ela **suportou o lobo**.

No universo da educação financeira, esse porquinho representa o **planejamento de longo prazo**. É o cofre da **visão de futuro**, da **resiliência emocional** e do **desapego do agora**.

O que esse porquinho ensina

Esse cofrinho traz lições profundas, que ultrapassam o valor monetário:

- **Persistência**: grandes conquistas exigem tempo e dedicação.
- **Visão de longo prazo**: é o primeiro passo para sonhos grandes.

- **Gestão de expectativas**: ele entende que *não é porque quer agora que pode ter agora.*
- **Construção de futuro**: economizar hoje para conquistar algo muito maior amanhã.

Quando usar esse cofrinho?

Esse porquinho é indicado para:

- **Projetos ambiciosos**: comprar um computador, fazer uma grande viagem ou iniciar um curso especial.
- **Investimentos pessoais**: poupar para faculdade, intercâmbio ou algum projeto de impacto.
- **Objetivos com tempo maior de maturação**: pelo menos **dois anos ou mais.**

Abertura extremamente restrita

Esse porquinho **não pode ser aberto facilmente**. A ideia é **ensinar que o dinheiro que vai para ele não está disponível a curto prazo**. Só pode ser usado:

- **Uma vez a cada cinco anos**, ou
- **Em situações muito especiais previamente definidas** (ex.: fim do ensino fundamental, viagem dos sonhos, meta extraordinária atingida)

É o equivalente a guardar para uma aposentadoria precoce na infância: **não é para hoje. É para construir segurança no amanhã.**

Exemplo prático: a viagem internacional

Seu filho tem 8 anos e sonha em conhecer a Disney quando fizer 13. Faltam cinco anos. É o tempo perfeito para usar o porquinho de tijolos.

- Ele decide guardar R$ 30 por mês.
- Em cinco anos, terá R$ 1,8 mil.
- Esse valor, somado a outras economias da família, **viabiliza um sonho** – e, com ele, um aprendizado sobre paciência que ele jamais esquecerá.

O valor do que não se vê

Esse porquinho ensina que **dinheiro também constrói coisas invisíveis**:

- **Caráter**
- **Disciplina**
- **Foco**
- **Consistência**

Porque não se trata só de juntar. Trata-se de **respeitar o tempo das coisas**.

Resumo do porquinho de tijolos

CARACTERÍSTICA	DETALHES
Prazo	Longo - acima de dois anos
Objetivos	Viagem internacional, curso, computador
Liquidez	Baixíssima - só em datas especiais
Aprendizado	Visão de futuro, paciência, disciplina
Abertura	A cada cinco anos ou eventos definidos
Percentual sugerido da mesada	30%

12.6 – COMO DIVIDIR A MESADA ENTRE OS TRÊS PORQUINHOS

Agora que você conheceu cada um dos três porquinhos – **palha, madeira e tijolos** –, surge a pergunta prática:

"Como meu filho deve dividir a mesada entre eles?"

Essa é uma dúvida comum, mas a resposta é mais simples do que parece. A proposta aqui é ensinar sobre **diversificação**, **prioridades financeiras** e **inteligência emocional** – tudo isso com três cofrinhos.

O objetivo da divisão

O que queremos com essa divisão não é só um cálculo matemático.

Queremos ensinar que:

- **Nem tudo que se ganha é para gastar agora.**
- **Nem tudo que se guarda precisa ser para daqui a dez anos.**
- **O equilíbrio entre presente, médio e longo prazo é o segredo da liberdade financeira.**

Sugestão inicial de divisão

Uma proposta equilibrada, principalmente para crianças de 6 a 10 anos, é:

PORQUINHO	PERCENTUAL DA MESADA	OBJETIVO
Palha (curto prazo)	40%	Pequenos desejos e recompensas rápidas
Madeira (médio prazo)	30%	Sonhos maiores, mas próximos
Tijolos (longo prazo)	30%	Projetos grandes e distantes

Por que começar com essa proporção?

- **40% a curto prazo**: a criança ainda vive muito o presente. Ter dinheiro para consumir algo rápido **mantém o engajamento** no processo.
- **30% a médio e longo prazo**: começa a gerar uma **educação emocional**. Ensina que esperar vale a pena – e que alguns sonhos levam mais tempo.

Você pode adaptar com o tempo. Se perceber que seu filho está poupando demais e não vive o presente, aumente o porquinho da palha. Se gasta tudo e não pensa no futuro, incentive mais os tijolos.

Dica prática: use porcentagens visuais

Para ajudar seu filho a entender melhor, use **porcentagens representadas em fichas ou notas**:

- Separe a mesada com ele em três montinhos.
- Use etiquetas coloridas: verde para palha, azul para madeira, vermelho para tijolos.
- Toda vez que a mesada for entregue, **refaçam juntos a separação.**

Esse processo **materializa o conceito de diversificação** e cria um ritual educativo – e afetivo.

Não existe uma regra única

Mais importante do que acertar na vírgula o percentual, é **manter o hábito da divisão** e reforçar a conversa sobre propósito:

- "Por que você está guardando no porquinho da madeira?"
- "Qual sonho você tem para os tijolos?"
- "No que vale a pena gastar com a palha?"

Quando o filho entende o **porquê de cada porquinho**, começa a construir, de forma natural, uma mentalidade de equilíbrio e planejamento.

12.7 – COMO ESCOLHER OS SONHOS PARA CADA PORQUINHO

Agora que a criança já tem os seus **três porquinhos financeiros** e aprendeu a dividir a mesada entre eles, vem a etapa mais poderosa da educação financeira infantil: **dar um propósito para cada cofrinho.**

Guardar dinheiro por guardar pode até funcionar por um tempo, mas **guardar com um objetivo concreto** transforma a experiência em algo emocional, motivador e educativo.

Porquinho da palha: o prazer do agora

Esse porquinho gira em torno do **curto prazo**. Aqui entram os desejos rápidos, as pequenas vontades, os prazeres imediatos.

Objetivos típicos:

- Cinema com os amigos
- Figurinhas ou brinquedos pequenos
- Créditos de jogos
- Doces ou algo na papelaria

O mais importante aqui é ensinar que, mesmo gastando, **há uma escolha envolvida**. Se comprar uma coisa agora, talvez precise esperar para outra depois.

Dica para os pais: pergunte com frequência:

"O que você quer fazer com o dinheiro da palha este mês?" Ajude seu filho a dar nome e data ao desejo. Exemplo: *"Quero ir ao cinema daqui a duas semanas"*.

Porquinho da madeira: o sonho do amanhã

Esse cofrinho representa **o médio prazo**. Ensina que sonhos maiores precisam de mais tempo – e mais esforço.

Objetivos típicos:

- Uma bicicleta
- Um videogame
- Um par novo de patins
- Uma festa de aniversário mais elaborada
- Um passeio em família ou uma viagem

Aqui mora a mágica do planejamento. É o momento ideal para ensinar a fazer contas, prever prazos e controlar a ansiedade.

Dica para os pais: faça uma tabela com o filho:

OBJETIVO	VALOR	QUANTO FALTA?	PREVISÃO PARA ATINGIR
Patins novos	R$ 350	R$ 110	Seis meses

Esse tipo de visualização **traz clareza e engajamento**.

Porquinho dos tijolos: o projeto de futuro

Esse porquinho é o **guardião dos grandes sonhos**.

Ele representa o que seu filho ainda nem sabe ao certo quando ou como vai acontecer – mas que vale a pena sonhar grande.

Objetivos típicos:

- Um intercâmbio
- Um computador mais avançado
- A entrada no primeiro carro
- Um curso desejado no futuro
- Doação para algo importante quando crescer

Mesmo que a criança ainda não tenha uma meta clara, **guardar sem pressa e com intenção** é o ensinamento.

Dica para os pais: incentive seu filho a escrever ou desenhar um “quadro dos sonhos de tijolos”. Pode ser uma cartolina com imagens coladas ou até um caderno com registros do que ele gostaria de realizar “quando for mais velho”.

O diálogo é a alma do processo

Toda essa construção só ganha força se vier acompanhada de **conversas constantes**.

A cada mês, quando a mesada for separada, pergunte:

- “Você ainda quer o que estava planejando?”
- “Tem algo novo que gostaria de adicionar aos sonhos?”
- “Quer trocar algum objetivo de porquinho?”

Isso vai mostrar ao seu filho que **sonhar, planejar e ajustar faz parte da vida financeira real**.

12.8 – O DIA DA QUEBRA DOS PORQUINHOS: O PODER DO RITUAL FINANCEIRO EM FAMÍLIA

Poupar é importante. Planejar é essencial. Mas **realizar**… ah, realizar é o que dá sentido a tudo.

Quando seu filho finalmente atinge a meta de um dos seus porquinhos, **não é apenas uma conquista financeira**. É uma vitória emocional, comportamental e educativa. E é por isso que **o momento de “quebrar o porquinho” precisa ser simbólico, comemorado e ritualizado**.

O cérebro ama recompensas

Quando uma criança realiza um sonho que ela mesma financiou, algo acontece no cérebro dela: **aprende que esforço gera recompensa.**

Esse aprendizado emocional vale mais do que qualquer aula teórica. É **neuroeducação financeira na prática**.

Transforme o resgate em um evento

Em vez de simplesmente entregar o dinheiro ou fazer uma compra online escondida no meio da rotina, proponho criar um **ritual de celebração** para o "Dia da Quebra do Porquinho".

Exemplo de como fazer:

1. **Escolha uma data especial**: fim do mês, depois de uma boa semana, ou com o fechamento da planilha do bebê.
2. **Monte uma "mesa da conquista"** com os três porquinhos, o objetivo anotado ou desenhado e a presença da família.
3. **Peça à criança que explique para os pais ou irmãos:**
    - Qual porquinho está sendo aberto.
    - Qual era o objetivo.
    - Quanto tempo levou.
    - Quais decisões ela teve que tomar para alcançar.
4. **Ato simbólico**: quebrar, abrir ou esvaziar o porquinho com os pais.
5. **Momento final**: entregar o sonho e bater palmas (sim, literalmente). Essa validação fortalece a autoestima financeira.

Faça disso uma festa, não um saque

Esse momento é **muito mais do que pegar dinheiro**. Trata-se de ensinar ao seu filho que **realizar com consciência é melhor do que gastar por impulso**.

Pode ser algo simples:

- "Hoje vamos comprar sua bicicleta? Você juntou direitinho, parabéns!"
- "Olha só, você conseguiu pagar o curso de desenho que tanto queria!"

Se possível, **registre esse momento em fotos ou vídeos**. Ter essas memórias reforça o valor emocional da conquista.

Dica bônus: a pergunta mágica

Depois do ritual, faça esta pergunta:

"Valeu a pena esperar e poupar por isso?"

A resposta sincera da criança pode ser o melhor termômetro do sucesso da educação financeira que você está construindo.

MoneyPlay: Missão Pais e Filho

Missão #11 – A Criação dos Três Porquinhos Financeiros

Dando forma e alma ao planejamento financeiro infantil

Objetivo: ajudar os pais e seus filhos a construir, de forma prática e lúdica, os três porquinhos que simbolizam os objetivos de curto, médio e longo prazo, conectando emoção, criatividade e disciplina.

1. **Compre ou reaproveite três cofrinhos**
   - Não precisa ser só porquinhos! Pode ser pote de sorvete, latas, garrafinhas, saquinhos de pano...
   - O importante é que **sejam diferentes entre si** e tenham espaço para decoração.

2. **Personalize com criatividade (momento arte!)**
   - Separem tinta, canetinha, adesivos, recortes de revistas, papéis coloridos, e comecem a decoração!
   - **Nomeie cada um**
     - **Palha (curto prazo)** – pode ser aberto uma vez por mês.
     - **Madeira (médio prazo)** – pode ser aberto uma vez por ano.
     - **Tijolos (longo prazo)** – só pode ser aberto a cada cinco anos ou para um sonho muito especial.

3. **Escrevam no porquinho**
   - *"Data de nascimento" (quando começa a guardar)*
   - *"Próxima data em que pode ser aberto"*
   - *"Meus sonhos com este porquinho são:"* (escreva ou cole imagens dos sonhos no próprio cofre)

4. **Definam juntos o percentual de cada um**
   - Sugestão inicial
     - 40% no porquinho Palha
     - 30% no porquinho Madeira
     - 30% no porquinho Tijolos
   - Se quiserem, desenhem ou imprimam uma **régua de distribuição** para acompanhar todo mês.

5. **Crie o "Cantinho dos Sonhos"**
   - Escolha um local fixo em casa onde os três porquinhos ficarão visíveis.
   - Toda vez que a mesada for entregue, façam o ritual de divisão juntos, reforçando o propósito de cada um.

Dica extra

Todo mês, proponha um pequeno desafio:

"Qual dos seus sonhos ficou mais forte esse mês?"

Peça para a criança contar, com entusiasmo, por que aquele porquinho ganhou mais importância. Isso reforça a mentalidade de metas e prioridades.

O que seu filho aprende com este MoneyPlay:

» A importância de **sonhar com propósito**.

» O valor de dividir para equilibrar.

» A emoção de visualizar os desejos crescendo com o tempo.

CAPÍTULO 13

KAKEBO KIDS: COMO TRANSFORMAR MESADA EM APRENDIZADO COM REGISTRO, CONSCIÊNCIA E EQUILÍBRIO

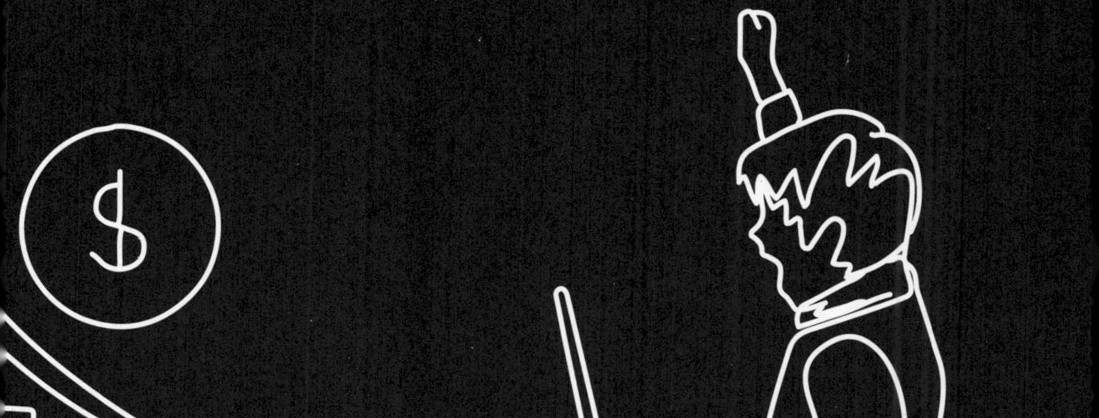

13.1 – O QUE É O KAKEBO E POR QUE ELE AINDA FUNCIONA TÃO BEM?

Imagine uma ferramenta de controle financeiro criada há mais de cem anos que ainda funciona melhor do que muitos aplicativos modernos. Agora, imagine que ela pode ser adaptada para ajudar o seu filho – desde pequeno – a tomar decisões mais conscientes com o dinheiro. Essa ferramenta existe, e tem nome e sobrenome: **Kakebo.**

Kakebo (lê-se *kakêbo*) nasceu no Japão no início do século 20, mais precisamente em 1904, criada por uma jornalista chamada Hani Motoko, considerada a primeira mulher repórter do país. A ideia era simples: **criar um caderno de controle doméstico para que as donas de casa pudessem organizar os gastos da família e economizar dinheiro**. Simples? Sim. E, justamente por isso, tão eficiente.

O Kakebo propõe algo muito poderoso e que muitas vezes esquecemos: **anotar, refletir e decidir com consciência**. Não se trata de planilhas com fórmulas complexas ou gráficos coloridos que só um analista financeiro entende. Trata-se de olhar com atenção para onde o dinheiro está indo – e por quê.

E por que ensinar isso para uma criança? Porque se nós, adultos, tivéssemos aprendido desde cedo a observar nossos hábitos de consumo com um pouco mais de atenção, talvez não tivéssemos entrado em tantas dívidas, financiado tantas parcelas ou demorado tanto para aprender a poupar.

E mais: porque **quem não mede, não melhora**. E quem não registra o que gasta, gasta mais do que imagina.

O Kakebo não é uma planilha. É uma bússola.

Ao ensinar seu filho a usar uma versão simplificada do Kakebo, você entregará a ele uma ferramenta de **autoconhecimento financeiro**. Ele vai aprender a distinguir entre **desejo e necessidade**, entre o que vale a pena gastar agora e o que vale a pena guardar para depois. E tudo isso com papel, lápis e consciência.

Pense no Kakebo como um **diário financeiro com propósito**, em que cada anotação é um passo rumo à autonomia.

E o melhor: ele se encaixa perfeitamente em tudo o que já construímos até aqui – mesada, despesada, harmonia financeira, os três porquinhos e o índice de poupança infantil.

Agora que você entendeu o valor dessa ferramenta, no próximo tópico vamos adaptá-la ao mundo infantil e mostrar como ela pode – e deve – ser usada de forma lúdica, simples e educativa.

Pronto para transformar a mesada do seu filho em aprendizado diário?

13.2 – SOBREVIVÊNCIA X SOCIAL: O SEGREDO DO CONTROLE ESTÁ NA CLASSIFICAÇÃO

Antes de ensinar algo para o seu filho, vale sempre a pena olhar primeiro para dentro da própria casa. E, nesse caso, é quase certo que você, papai ou mamãe, vai se identificar.

Pare por um instante e pense em como você divide seus próprios gastos. Se você já tentou organizar o seu orçamento em uma planilha, deve ter vivido este dilema:

- Parte do dinheiro vai para **coisas que são obrigatórias**: aluguel, luz, internet, alimentação, transporte.
- Outra parte vai para **coisas que você escolhe fazer**: sair para jantar, comprar um presente, viajar, pedir delivery.

É nessa divisão que mora a base de toda organização financeira: saber o que é **gasto de sobrevivência** e o que é **gasto social**.

E qual é a diferença?

Gastos de **sobrevivência** são aqueles que, por mais que você tente, **não consegue eliminar totalmente**. Você até pode **reduzir** – mudando para um apartamento mais barato, apagando as luzes ao sair do cômodo, escolhendo um plano de internet mais econômico –, mas **não tem como simplesmente excluir da vida.**

Já os **gastos sociais** são diferentes: eles **nascem da sua liberdade de escolha**. Você decide se vai fazer uma viagem, jantar fora ou comprar uma roupa nova. Esses gastos podem – e devem – ser ajustados de acordo com a sua realidade financeira e os seus objetivos de médio e longo prazo.

Agora que você entendeu essa lógica, chegou a hora de fazer o mesmo com seu filho.

Como aplicar essa estrutura na educação financeira do seu bebê?

Assim como os adultos, as crianças precisam aprender que **parte do dinheiro que recebem precisa ir para compromissos fixos**, enquanto outra parte pode ser direcionada para lazer e desejos pessoais.

A diferença é que, no caso deles, essas obrigações serão **educativas e simbólicas**, simulando a realidade da vida adulta – sem o peso da conta real.

Categoria 1: Sobrevivência (os compromissos do bebê)

Esses são os **custos essenciais e inevitáveis**, mesmo que simbólicos.

A criança precisa aprender que algumas obrigações financeiras existem e podem ser **controladas com atitudes e disciplina**, mas **não eliminadas**.

Exemplos práticos:

- **Arrumar o quarto**: valor simbólico de R$ 20 no mês. Se o quarto estiver organizado todos os dias, esse valor é poupado.
- **Lavar a louça do almoço**: R$ 10 por semana. Se cumprir as tarefas direitinho, o valor é economizado.
- **Contribuir para a internet**: simulação de R$ 15/mês para acessar YouTube, jogos ou redes. Cumpriu a meta semanal? Poupou o valor.

Esses compromissos ensinam que, assim como os adultos pagam água, luz e aluguel, os pequenos também têm sua parte na responsabilidade – **e que atitudes corretas geram economia.**

Dica bônus: agende o "pagamento das contas" em uma data diferente da mesada. Por exemplo, se a mesada é paga no dia 5, as "contas" devem ser pagas no dia 20. Isso obriga a criança a **controlar o dinheiro ao longo do mês.**

Categoria 2: Social (o lazer e os desejos)

Essa é a parte que mais faz os olhos dos pequenos brilharem – e também a mais perigosa, se não houver controle.

Brinquedos, doces, joguinhos, passeios, figurinhas, delivery... tudo isso entra na categoria **social**. E tudo isso tem algo em comum: **pode (e deve) ser controlado com inteligência**.

Aqui a criança aprende que:

- Se gastar tudo com figurinhas, pode não ter para ir ao cinema.
- Se comprar um jogo caro agora, pode não sobrar para o passeio da escola.
- Se guardar um pouco hoje, pode ter algo maior amanhã.

Por que essa divisão é tão poderosa?

Porque **ela ensina propósito ao dinheiro**.

Ela mostra que parte do que ganhamos tem destino obrigatório, e que só **o que sobra pode ser usado com liberdade**. Isso prepara o seu filho para a vida real, na qual todos temos compromissos, desejos, limitações e escolhas.

E mais: **ensina que até os compromissos podem ser otimizados**. Assim como desligar a luz economiza energia, **lavar o próprio prato economiza "despesada"**. E essa economia pode virar poupança, que vira conquista, que vira aprendizado.

13.3 – O LIVRO DE CONTROLE: CRIANDO O KAKEBO INFANTIL NA PRÁTICA

Agora que você entendeu por que dividir os gastos entre **Sobrevivência** e **Social** é tão importante, chegou a hora de dar o próximo passo: **organizar esse controle no papel** – ou melhor, em um caderno, cartaz, planilha, app... o que for mais adequado para a idade e a realidade da sua família.

E aqui vai o ponto central: **não se trata de ser perfeito**, e sim de **criar o hábito de olhar para o dinheiro com atenção e propósito**.

Como montar o Livro de Controle do seu filho?

O objetivo é fazer com que a criança registre suas despesas e receitas de maneira simples, divertida e visual. Não é contabilidade formal – é um **diário de consciência financeira**.

Você precisa de:

- Um caderno decorado (pode ser feito com a criança!).
- Canetas coloridas ou adesivos.
- Ou, se preferir, uma planilha impressa (a gente te ajuda com isso!).
- Ou ainda, um quadro branco para anotar semana a semana na geladeira, no quarto etc.

Estrutura básica do Kakebo infantil

A estrutura que recomendamos é a seguinte:

DESPESA	CATEGORIA	VALOR	DATA	COMENTÁRIO (OPCIONAL)
Arrumar o quarto	Sobrevivência	R$ 20	2/5	Quarto organizado = poupou!
Passeio no parque	Social	R$ 40	4/5	Foi com os amigos no sábado
Pizza iFood	Social	R$ 25	6/5	Pediu com o primo à noite
Lavar louça	Sobrevivência	R$ 15	10/5	Não cumpriu = teve que pagar
Sobrou no mês	-	R$ 50	30/5	Guardado no porquinho Madeira

Você pode adaptar esse modelo para um **visual mais amigável**, usando desenhos, emojis ou colunas coloridas. O importante é que a criança:

1. **Anote com frequência** (de preferência toda semana).
2. **Classifique** o que é gasto de sobrevivência e o que é social.
3. **Comente** como foi gastar ou economizar – isso ativa o pensamento reflexivo.
4. **Visualize quanto sobrou** e como está evoluindo.

Dicas práticas para implementar com leveza

» **Faça junto no início**: ajude seu filho a preencher nas primeiras semanas. Depois, deixe-o tentar sozinho.

» **Elogie mais do que critique**: o importante é o engajamento. Se ele esquecer ou errar, corrija com leveza.

» **Defina um "dia do controle"**: pode ser todo domingo à noite ou toda segunda-feira de manhã.

» **Use um nome divertido**: em vez de "Livro de Controle", que tal "Diário do Dinheiro", "Meu Caderno da Mesada" ou "Caderno dos Porquinhos"?

Mas por que isso é tão poderoso?

Porque transforma dinheiro em conversa.

Ensina que o dinheiro não "some" – ele **vai para algum lugar**. E que é possível **acompanhar esse caminho e fazer escolhas melhores**. Um adulto que aprendeu isso na infância é alguém mais consciente, mais responsável e menos ansioso em relação ao dinheiro.

13.4 – QUANDO O KAKEBO ENCONTRA A REALIDADE: JOÃO, RENATA E CLARA EM AÇÃO

Criar um sistema de controle financeiro é só o começo. O verdadeiro aprendizado acontece quando o seu filho **usa esse sistema na prática**. Por isso, neste capítulo, vou lhe mostrar como o Kakebo pode ser adaptado ao comportamento de três perfis diferentes de crianças: João Gastão, Renata Reserva e Clara Comedida.

Talvez você identifique o seu filho em um deles – ou até veja um pouco de cada um. O importante é saber que **não existe certo ou errado**, existe **ajuste**.

João Gastão: o desafio de conter os impulsos

João recebe R$ 200 por mês. Assim que o dinheiro entra, ele já começa a gastar: brinquedos, joguinhos, delivery... tudo o que brilha vira tentação. Com o Kakebo, ele foi incentivado a anotar seus gastos toda semana e a pagar as suas "despesadas", como arrumar o quarto (R$ 25), lavar louça (R$ 15) e contribuir para a internet (R$ 20).

Resultado do mês de João:

DESPESA	CATEGORIA	VALOR
Arrumar o quarto	Sobrevivência	R$ 25
Lavar a louça	Sobrevivência	R$ 15
Internet	Sobrevivência	R$ 20
Jogo online	Social	R$ 40
Pizza com amigos	Social	R$ 30
Cinema + pipoca	Social	R$ 40
Total gasto	-	R$ 170
Reserva	-	**R$ 30**
Índice de poupança	-	**15%**

João está abaixo da faixa ideal (20% a 40%). Mas isso não é motivo de punição – e sim de orientação. A proposta para o próximo mês é simples: **meta de guardar pelo menos R$ 50** e, caso consiga, receber um "bônus" simbólico, como escolher o filme do sábado à noite com a família. Recompensas **não precisam ser financeiras**.

Renata Reserva: o risco de guardar demais

Renata também recebe R$ 200. Extremamente econômica, ela evita qualquer gasto desnecessário. Isso parece ótimo – mas pode esconder **medo do consumo** ou **culpa ao gastar**.

Resultado do mês de Renata:

DESPESA	CATEGORIA	VALOR
Arrumar o quarto	Sobrevivência	R$ 25
Lavar a louça	Sobrevivência	R$ 15
Internet	Sobrevivência	R$ 20
Presente para amiga	Social	R$ 20
Total gasto	-	R$ 80
Reserva	-	**R$ 120**
Índice de poupança	-	**60%**

Comportamento admirável, mas... talvez rígido demais para uma criança. A sugestão para os próximos meses é **estimular a gastar um pouco mais com prazer e presença**. Ela pode, por exemplo, planejar um passeio especial com parte da reserva. Poupar é ótimo – **mas viver o agora também educa**.

Clara Comedida: o equilíbrio consciente

Clara tem uma relação muito saudável com o dinheiro. Pensa antes de comprar, planeja, reserva uma parte e se permite alguns gastos sociais que trazem alegria e experiências novas.

Resultado do mês de Clara:

DESPESA	CATEGORIA	VALOR
Arrumar o quarto	Sobrevivência	R$ 25
Lavar a louça	Sobrevivência	R$ 15
Internet	Sobrevivência	R$ 20
Cinema	Social	R$ 30
Livraria	Social	R$ 20
Lanche com a prima	Social	R$ 30
Total gasto	-	R$ 140
Reserva	-	**R$ 60**
Índice de poupança	-	**30%**

A harmonia financeira está presente. Elogiar esse equilíbrio, celebrar conquistas como metas alcançadas e estimular o planejamento de novos sonhos é a melhor forma de fortalecer esse comportamento.

O aprendizado para os pais

Cada criança tem seu tempo, sua natureza e seu jeito de lidar com o dinheiro. O Kakebo não é uma planilha de controle – é uma **ferramenta de autoconhecimento**.

Ao observar os registros mês a mês, você começa a ver padrões, entender emoções ligadas ao consumo e construir, com seu filho, **uma relação mais consciente com o dinheiro**.

Na próxima parte, vamos dar um passo além: **como interpretar esses dados e ajudar seu filho a ajustar a rota**, com metas personalizadas, incentivos e conversas poderosas.

13.5 – COMO INTERPRETAR OS DADOS DO KAKEBO E AJUSTAR A ROTA

Anotar os gastos é o primeiro passo. Analisar o que foi anotado – e agir com base nisso – é o que **transforma controle em educação financeira real**.

Se você está acompanhando o Kakebo do seu filho nos últimos meses, já deve ter notado padrões:

- Gasta sempre com os mesmos itens?
- Evita determinados tipos de consumo?
- Sempre falta para pagar as obrigações?
- Ou sobra mais do que o esperado?

Tudo isso **fala sobre o perfil dele**. E agora é a hora de começar a **ajustar a rota**, com carinho, propósito e estratégia.

O Índice de Poupança Infantil (IPI) como bússola

Você já aprendeu a calcular o índice de poupança:

(valor guardado ÷ mesada total) × 100

Agora, vamos usar esse índice como **ferramenta de diagnóstico e ajuste**.

FAIXA DE ÍNDICE	PERFIL	AÇÃO SUGERIDA
Abaixo de 20%	João Gastão	Estimular metas de poupança
20% a 40%	Clara Comedida	Reforçar e elogiar
Acima de 40%	Renata Reserva	Estimular consumo consciente

Esse índice deve ser **avaliado mensalmente** – não como julgamento, mas como **termômetro do comportamento**.

Estratégias para cada perfil

João Gastão (índice abaixo de 20%)

Meta: elevar a consciência de consumo e construir o hábito de guardar.

1. **Defina metas claras e visíveis.**
   Ex.: "Vamos guardar R$ 50 neste mês?".
2. **Condicione parte da mesada ao cumprimento da meta.**
   Ex.: se guardar, recebe a mesada cheia. Se não, recebe 10% a menos.
3. **Reveja os gastos sociais com ele.**
   Mostre em que ele poderia ter poupado.

Renata Reserva (índice acima de 40%)

Meta: ensinar que gastar com prazer também é parte da educação.

1. **Crie metas de gasto mínimo.**
   Ex.: "Neste mês, você vai usar R$ 80 em experiências que te tragam alegria".
2. **Estimule experiências sociais.**
   Saídas, presentes, pequenos luxos saudáveis.
3. **Valorize o presente sem culpa.**
   Frase mágica:

"Você não está jogando dinheiro fora. Está investindo em viver".

Clara Comedida (entre 20% e 40%)

Meta: manter o equilíbrio e estimular desafios de planejamento.

1. **Acompanhe com ela os próprios registros.**

"O que deu mais orgulho neste mês?"

2. **Proponha sonhos de médio prazo.**

Clara pode começar a usar o porquinho da madeira com mais estratégia.

3. **Elogie o equilíbrio.**

Mostrar que ela está indo bem é essencial para manter a motivação.

Não é correção, é evolução

Se o índice oscilar de um mês para outro, **está tudo bem**. Seu filho está aprendendo, testando, ajustando.

O importante é manter o **acompanhamento constante**, com conversas regulares, perguntas abertas e espaço para erro.

"O que você aprendeu sobre seu dinheiro neste mês?"

"O que faria diferente no mês que vem?"

Fechamento

O Kakebo não é um caderno de contas. É um **espelho comportamental**. Um espaço em que seu filho aprende que dinheiro é mais do que valor – é decisão, consequência, liberdade e aprendizado.

No Capítulo 15, vamos falar sobre **como respeitar os ritmos e perfis diferentes das crianças**, inclusive com base em experiências reais com meus filhos.

Missão #12 – O Mês do Espelho Financeiro

Objetivo: ajudar a criança (com o apoio dos pais) a **revisar o próprio comportamento financeiro ao final de cada mês**, com base no que foi registrado no Kakebo. O foco é desenvolver **autoconsciência, responsabilidade e planejamento para o mês seguinte.**

O que você vai precisar:

- O **Kakebo do mês completo** (caderno, planilha ou quadro).
- Lápis colorido ou canetas para destaque.
- Uma folha separada chamada **Espelho do Mês.**
- Um lugar calmo e uma conversa leve.

Etapas da atividade:

1. **Imprima ou desenhe o "Espelho do Mês" com quatro blocos simples**

BLOCO	PERGUNTA	O QUE REGISTRAR?
Conquistei	O que eu consegui guardar ou realizar?	Ex.: "Consegui guardar R$ 60!"
Me arrependi	Qual gasto hoje eu teria evitado?	Ex.: "Gastei com figurinhas que nem usei"
Me fez feliz	O que eu gastei que valeu a pena?	Ex.: "Passeio no parque com meus amigos"
Próxima meta	O que quero melhorar no mês que vem?	Ex.: "Gastar menos no iFood"

2. Calcule junto o Índice de Poupança Infantil (IPI)

Fórmula: (total poupado ÷ mesada recebida) × 100

Depois, pinte o resultado de acordo com a faixa:

FAIXA	COR	PERFIL SUGERIDO
Até 20%	Vermelho	João Gastão (Consumista)
20% a 40%	Verde	Clara Comedida (Equilibrada)
Acima de 40%	Amarelo	Renata Reserva (Poupadora)

3. Crie um selo simbólico de desempenho

Exemplo:

» "Mês do Despertar"
» "Mês da Consciência"
» "Mês da Virada"
» "Mês da Vitória Financeira"

Invente com a criança. Esse reconhecimento emocional **vale mais que qualquer bônus financeiro**.

O que seu filho aprende com este MoneyPlay:

» Que **guardar é uma escolha com impacto.**
» Que **erros são oportunidades de evolução.**
» Que **o dinheiro reflete quem ele está se tornando.**

CAPÍTULO 14

REDES SOCIAIS, INFLUENCIADORES E JOGOS ONLINE: A INFÂNCIA SOB ATAQUE INVISÍVEL

14.1 – O INIMIGO INVISÍVEL: O QUE OS PAIS NÃO VEEM, MAS O FILHO SENTE

Você já deve ter se perguntado: "Como é que meu filho consegue gastar tanto se ele nem tem cartão de crédito?". Essa é uma pergunta comum – e legítima.

Afinal, a lógica que muitos de nós carregamos é que **para gastar é preciso ter dinheiro físico**, pegar a carteira, passar no caixa, entregar a nota ou digitar a senha do cartão.

Mas o mundo de hoje não funciona mais assim. Seu filho pode estar **gastando emocionalmente, financeiramente e comportamentalmente todos os dias – sem você perceber**.

O que os olhos dos pais não veem...

Não ver uma transação não significa que ela não aconteceu.

Hoje o consumo é **digital, silencioso e invisível**.

Seu filho:

- Assiste a vídeos de "unboxing" que geram desejo imediato.
- Joga games que o incentivam a comprar moedas virtuais.
- Acompanha influenciadores que dizem "não é publi", mas estão vendendo o tempo todo.
- Navega por algoritmos que sabem exatamente **o que ele quer ver antes mesmo de ele querer**.

E isso tudo está acontecendo **dentro do bolso dele**, ou melhor, **no smartphone que está na mão dele 24 horas por dia**.

Mas o impacto é real

O consumo mudou. Hoje ele não é mais apenas uma troca de dinheiro por produto. É uma **experiência emocional contínua** – na qual seu filho é exposto a centenas de estímulos que moldam sua relação com o desejo, o prazer, o status e a frustração.

E você, sem querer, pode estar tentando ensinar controle financeiro para uma criança que está vivendo uma realidade completamente diferente daquela que você viveu.

Você ensina a poupar.

O algoritmo ensina a querer.

Você fala de esperar.

O jogo diz: compre agora e ganhe um bônus exclusivo.

Você orienta a gastar com consciência.

A rede explicita que o que vale é mostrar que tem.

E o perigo é justamente este: não parece consumo

- Assistir a vídeos de slime sendo abertos parece inocente, mas **ativa o gatilho do desejo**.
- Jogar um jogo gratuito parece inofensivo, mas **vende upgrades a todo momento**.
- Ver alguém recebendo presentes de marcas sem pagar por nada **distorce a percepção de valor real**.

E enquanto isso, seu filho está formando **valores de consumo que podem entrar em choque com tudo o que você está tentando ensinar**.

O que você pode fazer?

Calma. A solução não é proibir. A resposta está em **enxergar o que está acontecendo – e conversar sobre isso**.

Este capítulo vai lhe mostrar como **as redes sociais, os influenciadores e os jogos online estão reconfigurando o cérebro de consumo das nossas crianças** – e como você pode ajudá-las a atravessar esse novo mundo **com consciência, autonomia e inteligência emocional**.

14.2 – COMO AS REDES SOCIAIS PLANTAM DESEJOS (SEM QUE SEU FILHO PERCEBA)

Você já parou para pensar que seu filho consome conteúdo **o tempo todo**, mesmo sem ter cartão, Pix ou CPF ativo?

Hoje o consumo não começa na carteira – começa **no feed**.

Seu filho está crescendo em um mundo onde a vontade de comprar não nasce da necessidade, mas do que ele vê repetido na tela:

- Influenciadores recebendo presentes.
- Desafios para gastar R$ 100 em uma loja em trinta minutos.
- Unboxings, testes de produtos e até "rotinas perfeitas" que, na verdade, são campanhas publicitárias disfarçadas.

E o pior? Nada disso parece propaganda.

O algoritmo sabe o que seu filho quer – antes mesmo de ele saber

Os vídeos que prendem a atenção dele por mais tempo não são aleatórios. Eles são **programados por um sistema inteligente**, o famoso algoritmo, que:

- Capta cada curtida, cada vídeo assistido até o final, cada pausa.
- Reforça o que dá prazer e emoção rápida.
- E, com isso, **planta desejos de consumo invisíveis, mas profundos**.

A lógica é simples: quanto mais tempo ele passa vendo, mais ele quer. E quanto mais ele quer, mais ele gasta (ou pede para gastar).

O problema é que não parece venda – parece vida real

E é exatamente aí que mora o perigo.

Antigamente, a publicidade era clara: "Últimos dias da promoção", "Compre agora e ganhe brinde". Hoje ela é sutil. E mais poderosa.

Seu filho vê:

- Um youtuber dizendo: "Olha só o que chegou aqui em casa".
- Um influenciador mostrando um brinquedo com a frase: "Isso aqui mudou meu jeito de brincar".
- Um criador infantil abrindo caixas e mais caixas de produtos com sorrisos espontâneos.

Mas raramente ele vê:

- A empresa que pagou para aquele produto estar ali.
- O quanto custou.
- Ou o fato de que, muitas vezes, aquela criança **nem comprou com o próprio dinheiro**.

E o que seu filho começa a sentir?

- Que ele está ficando para trás.
- Que "todo mundo tem", menos ele.
- Que o brinquedo que ele comprou já está "velho" antes mesmo de abrir.
- Que o celular novo é urgente.
- Que esperar não faz sentido.

Esse tipo de comparação silenciosa **alimenta frustração, ansiedade e impulsividade**. É uma cobrança emocional que não vem de você – vem da **ilusão da vida perfeita alheia**.

Um exercício simples, mas poderoso

Quer ajudar seu filho a desenvolver esse senso crítico? Faça este exercício com ele:

"Se você tivesse uma rede social, o que você postaria?"

Provavelmente, ele vai responder:

- Quando ganhar um presente.
- Quando tirar nota boa.
- Quando for ao parque, ao shopping, ao cinema.

Agora devolva:

"E você postaria o dia em que levou bronca? Ou o dia em que caiu e se machucou? Ou o dia em que teve que comer aquela comida ruim? Ou quando ficou triste porque o time perdeu?"

A resposta, provavelmente, será **não**.
E então você diz:

"Pois é. As pessoas só postam o melhor das suas vidas. Mas isso não quer dizer que elas só vivem momentos bons. Todo mundo tem problemas, tristeza, medo e até boletos. A diferença é que isso não vai para o feed."

Esse simples diálogo ensina mais do que qualquer planilha de gastos.

Como neutralizar o impacto da comparação invisível

1. **Assista com ele (de vez em quando)**
E pergunte: "Você acha que ele comprou ou ganhou isso? Será que foi de verdade?".
2. **Explique o que é "publipost" e "vida editada"**
Mostre que o que parece espontâneo é muitas vezes roteirizado e pago.
3. **Estimule o pensamento crítico com perguntas:**
    - "Você quer isso mesmo, ou quer só porque viu alguém mostrando?"
    - "Isso vai te deixar feliz por quanto tempo?"

4. Reforce o valor da vida real

Elogie momentos simples. Incentive conexões que não envolvam consumo. Mostre que ele já tem muito.

O que seu filho aprende com isso?

- Que nem tudo o que vê é verdade.
- Que nem todo desejo é seu – **alguns foram plantados**.
- Que ele pode consumir, sim, mas de forma **consciente, crítica e com propósito**.

14.3 – JOGOS ONLINE: ONDE ESTÁ O LOBO DO CONSUMO DISFARÇADO?

Se você tem um filho entre 6 e 14 anos, provavelmente já ouviu a frase: "Pai, esse jogo é gratuito! Pode baixar?".

E é verdade… até certo ponto. Baixar o jogo é grátis. Jogar pela primeira vez também. Mas o que vem depois disso é um **sistema de consumo silencioso, emocional e altamente estratégico**. Estamos falando de **moedas virtuais**, **passe de batalha**, **skins**, **ofertas limitadas** e um detalhe que torna tudo mais perigoso: **seus filhos não estão jogando sozinhos**.

O jogo gratuito que sai caro

Esses jogos são projetados por empresas que conhecem profundamente **o cérebro do consumidor – inclusive o cérebro infantil**.

Eles utilizam mecânicas de **gamificação e microtransações** para criar recompensas rápidas, escassez artificial e necessidade constante de atualização.

Exemplos:

- "Compre agora para liberar o dragão de fogo dourado!"
- "Por apenas R$ 4,99, ganhe o dobro de moedas!"
- "Nova skin exclusiva disponível por 24 horas!"

A criança sente que, se não comprar agora, **vai ficar para trás**. E muitas vezes, esse "atraso" não é só dentro do jogo – **é dentro da comunidade**.

O conceito de comunidade digital: a moeda invisível do pertencimento

Esta talvez seja a parte mais delicada desse tema – e a que mais passa despercebida pelos pais.

Hoje, quando uma criança entra em um jogo online, **não está apenas jogando**. Ela está se conectando com amigos da escola, vizinhos, primos e, muitas vezes, com completos desconhecidos.

Esse ambiente cria o que chamamos de **comunidade digital**, onde surgem **regras sociais próprias**:

- Quem tem mais skins é mais respeitado.
- Quem tem a skin do mês passado é "noob".
- Quem não tem o passe da temporada não entra no mesmo time.
- Quem não compra, muitas vezes, é deixado de lado no grupo.

E aqui surge um conflito interno nos nossos filhos:

"Se eu não comprar, vou ser excluído."
"Se eu não tiver, vou perder o lugar no grupo."
"Se eu for o único que não tem, vou virar motivo de piada."

O consumo deixa de ser por vontade. E passa a ser por **pressão social disfarçada**.

O impacto disso? Comportamento impulsivo + ansiedade + comparação

- Seu filho começa a pedir mais dinheiro, mas não sabe explicar por quê.
- Fica irritado se não consegue uma skin nova no mesmo dia que os amigos.
- Fica triste ao ser deixado de fora de um jogo por não ter "itens atualizados".
- Começa a ver o próprio valor atrelado ao **status digital**.

E tudo isso acontece **dentro de um ambiente "seguro e inofensivo"** chamado jogo.

Como educar sem isolar?

Você não precisa tirar seu filho do jogo. Mas pode usar esse ambiente para desenvolver **valores profundos de identidade, respeito e autocontrole**.

Aqui vão algumas estratégias:

1. Explique o que é pertencimento saudável

Converse com seu filho:

"Você não precisa ter tudo que os outros têm para ser aceito."
"Se os seus amigos só te aceitam quando você tem a skin da moda, será que são mesmo seus amigos?"
"Ser legal tem a ver com como você joga, como você trata os outros. Não com o que seu personagem veste."

Ajude seu filho a **separar valor pessoal de status digital**.

2. Crie um orçamento fixo para jogos

Estabeleça um teto mensal para compras dentro do jogo. Isso ajuda seu filho a:

- Pensar melhor antes de gastar.
- Priorizar o que realmente quer.
- Evitar compras por impulso ou pressão.

3. Faça-o pagar com o próprio dinheiro (da mesada)

Se ele quiser a nova skin, precisa usar o que guardou. Nada de Pix surpresa ou "quebrar o galho". **Quando o dinheiro sai do porquinho, o desejo passa por um filtro mais racional**.

4. Use o poder da comparação consciente

Mostre o que ele poderia comprar com o mesmo valor:

- R$ 30 em gemas = ingresso no cinema + pipoca.
- R$ 50 na skin = livro que ele pediu ou um presente para alguém.

Isso **reconecta o valor virtual com a realidade**.

5. Estimule-o a criar uma regra de decisão antes de comprar

"Eu vou usar mesmo?"
"Vai valer o preço?"
"Isso é para mim ou só para me encaixar no grupo?"

Você não precisa responder por ele. **Só precisa ensiná-lo a se perguntar.**

O que seu filho aprende com isso?

- Que ele pode jogar, consumir e se divertir – com consciência.
- Que o valor dele está no **que ele é, não no que ele compra**.
- Que esperar, poupar e escolher **são decisões poderosas**.

14.4 – GATILHOS MENTAIS USADOS EM CRIANÇAS (E ADULTOS!)

Antes de começar, um presente para você!

Preparei um manual exclusivo com dez estratégias práticas para educar seu filho sobre o uso da internet e das redes sociais. E o melhor: vou oferecer esse conteúdo de graça para os cem primeiros leitores! Basta escanear o QR Code ao lado.

Baixar grátis

Agora, sim: o que são os gatilhos mentais?

Gatilhos mentais são atalhos que o cérebro usa para tomar decisões com menos esforço.

Eles funcionam porque **tocam em emoções rápidas e profundas** e ajudam o cérebro a decidir sem pensar demais. São usados o tempo todo por vendedores, influenciadores, criadores de conteúdo e... jogos online.

Com adultos? Já funcionam muito bem. Com crianças? Funcionam ainda melhor.

Por que funcionam com tanta força nas crianças?

Porque a criança:

- Vive no presente e não pensa no “depois”.
- É 100% emocional, pouco racional.
- É movida por desejo imediato.
- Ainda está formando sua identidade.

Ou seja, quando um jogo diz:

"Compre essa skin agora, só hoje!"

ou

"Essa oferta é exclusiva para os quinhentos primeiros!"

O cérebro infantil **entra em alerta de urgência, escassez e necessidade social.**

Os cinco gatilhos mais usados no consumo infantil

1. Urgência – "Compre agora ou perca para sempre"

"Oferta por tempo limitado!"

"Último dia para desbloquear a skin!"

O que causa? Pressa, ansiedade e decisões impulsivas.

Como proteger? Ensine seu filho a respirar e repetir: *"Se eu ainda quiser amanhã, talvez valha a pena"*.

2. Escassez – "Só os escolhidos têm acesso"

"Só para os cinquenta primeiros"

"Item exclusivo por 24 horas"

O que causa? Sensação de privilégio e medo de ficar de fora.

Como proteger? Mostre que escassez não é sinônimo de valor. Pergunte: *"Você quer porque é bom ou porque parece raro?"*.

3. Recompensa imediata – "Gaste e ganhe na hora"

"Ganhe bônus ao assistir a um vídeo"

"Compre agora e ganhe o dobro de moedas"

O que causa? Vício em gratificação rápida.

Como proteger? Explique que **as melhores conquistas levam tempo**. Reforce: *"Você quer o prêmio ou quer aprender a conquistar?"*.

4. Prova social – "Todo mundo tem. E você?"

"Mais de três milhões de jogadores já compraram!"

"Todos os seus amigos já estão jogando com essa skin."

O que causa? Pressão para pertencer.

Como proteger? Trabalhe autoestima e identidade: *"Você não precisa de uma skin para ser incrível. Ser legal vai muito além do visual do personagem"*.

5. Autoridade – "Se fulano tem, deve ser bom"

"Meu influenciador favorito usa!"

"Olha o que chegou aqui pra mim"

O que causa? Admiração cega e desejo de imitar.

Como proteger? Ensine seu filho a perguntar: *"Será que ele comprou ou ganhou? Ele está sendo pago para mostrar isso?"*.

Como usar os gatilhos a favor da educação?

Esses gatilhos também podem ser usados para educar, com o mesmo poder. Aqui vão alguns exemplos práticos:

» **Urgência saudável**

"Hoje é o último dia para completar o Kakebo do mês e ganhar o selo de Economista Júnior!"

» **Prova social positiva**

"Outras crianças também estão juntando dinheiro para algo maior. Você pode fazer parte desse grupo!"

» **Recompensa emocional**

"Se você guardar R$ 50 neste mês, vamos juntos planejar o seu primeiro sonho de médio prazo."

O que seu filho aprende com isso?

- Que os gatilhos existem, mas **não mandam nas suas decisões**.
- Que é possível ter vontade sem agir por impulso.
- Que o cérebro pode ser aliado – não inimigo – do planejamento.

14.5 – COMO BLINDAR (SEM ISOLAR): PRESENÇA, CONVERSA E EXEMPLO

Depois de tudo o que falamos neste capítulo, é natural que você pense: "Tá, mas o que eu faço agora? Eu tiro o celular? Bloqueio o YouTube? Proíbo o jogo?".

A resposta é simples, mas profunda: **não. Você educa**.

Porque a proteção mais poderosa que você pode dar ao seu filho **não está no Wi-Fi bloqueado, nem no app restringido**. Está na sua **presença, no seu exemplo e no diálogo aberto com ele**.

Isolar cria ignorância; estar junto cria consciência

Proibir o acesso pode até silenciar o consumo por um tempo. Mas a hora em que ele tiver liberdade – e ela vai chegar –, **não saberá o que fazer**.

Você não quer criar um filho que *obedece por medo*. Quer criar alguém que *escolhe com consciência*.

Três pilares para blindar sem isolar

1. Presença ativa: acompanhe o mundo do seu filho

Você não precisa virar gamer, influencer ou seguidor de TikToker. Mas precisa mostrar que se importa com o que ele vê, joga e consome.

- Pergunte: *"Qual foi o vídeo mais legal que você viu hoje?"*.
- Assista junto, de vez em quando, **sem julgar**.
- Conheça os nomes que ele acompanha: **quem são os influenciadores dele?**

Isso abre um canal de confiança. E **a confiança é a vacina contra o consumo disfarçado**.

2. Conversa frequente: transforme o consumo em tema familiar

Fale sobre dinheiro como quem fala sobre valores, saúde ou alimentação.

"Por que você acha que esse youtuber mostrou esse brinquedo?"
"Se você tivesse R$ 50 hoje, compraria o quê? Por quê?"
"Qual foi sua melhor compra do mês? De qual se arrependeu?"

Essas perguntas **não são interrogatório.** São convites para refletir.

3. Exemplo constante: você é o influenciador mais próximo dele

Mais do que qualquer youtuber, seu filho está observando **como você gasta, fala, decide e reage ao dinheiro**.

Se você:

- » Compra por impulso...
- » Vive reclamando que "nada dá certo financeiramente"...
- » Ou diz que ele precisa poupar, mas gasta sem pensar...

Ele vai copiar.

Por outro lado, se você:

- » Fala abertamente sobre seus erros e aprendizados...
- » Mostra que planeja suas compras e também se permite viver...
- » Celebra metas financeiras com ele...

Acredite: **isso vale mais do que qualquer aplicativo de controle de tela**.

E quando errar?

Tudo bem. A presença não exige perfeição. Exige verdade.

"Filho, eu também comprei por impulso esta semana."

"Sabe aquele gasto que a gente fez? Acho que dava para ter economizado."

"Vamos revisar nosso orçamento juntos no domingo?"

Essas conversas não diminuem sua autoridade. **Aumentam sua humanidade**.

O que seu filho aprende com isso?

- Que consumir não é errado – **é uma escolha com consequências.**
- Que dinheiro pode ser discutido com naturalidade.
- Que ele pode errar, ajustar e evoluir – com você.
- Que o mundo está cheio de estímulos, mas ele não precisa ser refém deles.

MoneyPlay #13 – Cinco perguntas semanais para conversar com seu filho sobre consumo digital

Este exercício é simples, mas extremamente poderoso. O objetivo é ajudá-lo a criar um momento semanal de conversa com seu filho sobre o consumo no mundo digital – o que viu, o que quis comprar, o que chamou a atenção e o que aprendeu. Nenhum julgamento, só escuta e conexão.

Como aplicar:

1. Escolha um momento tranquilo na semana (domingo à noite é ótimo).
2. Sente-se com seu filho, sem pressa e sem distrações.
3. Faça uma ou mais das perguntas a seguir, adaptando-as à idade e à realidade dele.
4. Deixe-o falar. Escute mais do que fale.
5. Reforce a segurança emocional: não existe resposta errada. O que importa é conversar.

As cinco perguntas semanais:

1. Qual foi a coisa mais legal que você viu nesta semana no YouTube, TikTok ou jogo?
2. Alguma coisa que você viu te deu muita vontade de comprar? Por quê?
3. Você acha que a pessoa que mostrou isso comprou mesmo ou ganhou de alguma empresa?
4. Teve algo que você comprou (ou queria muito comprar) e depois percebeu que nem precisava tanto assim?
5. Se você pudesse dar um conselho para outra criança que viu a mesma coisa que você, o que diria?

Dica: se a criança for pequena, transforme as perguntas em desenho. Por exemplo: "Desenhe o que te deu vontade de comprar" ou "Desenhe algo que você viu e te deixou feliz".

Esse hábito vai treinar o pensamento crítico, reduzir o impacto dos gatilhos e criar um laço de confiança duradouro entre você e seu filho.

CAPÍTULO 15

CASA DE FERREIRO, ESPETO DE PAU: OS DESAFIOS DE UM PAI ESPECIALISTA

15.1 – A ILUSÃO DO CONTROLE: QUANDO TUDO PARECE IGUAL, MAS NÃO É

Durante muitos anos, minha relação com o dinheiro foi marcada por escassez. Nasci em uma família simples, com pouquíssimos recursos. Vivi a realidade de quem **não tem escolha sobre o que comprar – apenas sobre o que vai deixar de comprar**. Aprendi a fazer muito com pouco. E quando comecei a ganhar dinheiro, cada real tinha peso, valor e história.

Minha vida financeira começou a mudar quando passei no concurso do Banco do Estado do Rio Grande do Sul. Depois vieram o empreendedorismo, os cursos, os livros, os auditórios cheios. E com eles, a renda. Mas com a renda veio também **a responsabilidade de cuidar do que eu não podia perder novamente**. Foi assim que a educação financeira entrou – e nunca mais saiu – da minha vida.

"Se eu ensino finanças para profissionais, ensinar meus filhos vai ser fácil..."

Quando meus filhos nasceram, eu pensei: "Agora vai ser diferente. Eles vão crescer com acesso, com consciência, com estrutura. Afinal, eu sou um especialista. Ensinei finanças para milhares de bancários. Sete em cada dez profissionais do mercado financeiro já estudaram comigo. O que são dois bebês perto disso?".

A resposta? Tudo.

Porque uma coisa é ensinar adultos que buscam certificação. Outra é lidar com duas crianças de personalidades opostas que me mostraram, dia após dia, **que nem tudo na vida cabe em uma fórmula**.

A fórmula que não funciona

Como matemático e mestre em Economia, minha mente tentou, claro, **criar um modelo explicativo**.

Pensei:

- » Renda: constante
- » Ambiente: o mesmo
- » Idade: igual
- » Educação: idêntica
- » Regras: aplicadas com equidade

Logo, se tudo fosse estável, o consumo deveria seguir um padrão parecido, certo?

Errado.

Muito errado.

Porque o que eu não considerei foi o que aprendi anos atrás, quando estudei economia comportamental: **o comportamento humano não é racional – e nunca será**.

O maior laboratório da minha vida: Gabriel e Guilherme

Ter filhos gêmeos foi como receber um presente da vida – e um laboratório ao vivo daquilo que as teorias tentam explicar.

Com as mesmas oportunidades, os mesmos valores recebidos, os mesmos porquinhos, os mesmos desafios... **surgiram dois mundos completamente diferentes**.

- **Gabriel**, o poupador extremo. Gasta com dor. Cada centavo sai como se fosse um dente de leite sendo arrancado.
- **Guilherme**, o gastador alegre. Gasta com prazer. Cada clique no Pix é um sorriso. Cada gasto é um presente emocional.

A dor de um é o prazer do outro. O impulso de um é o freio do outro.

A diferença que não cabe na calculadora

Depois de mais de dois anos recebendo **a mesma mesada**, os números falaram alto:

- Um acumulou **mais de R$ 10 mil**.
- O outro, **menos de R$ 400**.

E não, não teve fraude nem truque. Teve comportamento. Teve personalidade. Teve emoção.

Foi ali que caiu minha ficha, de novo:

"Educação financeira não é uma fórmula. É um processo. E, principalmente, é uma leitura de quem seu filho é – não de quem você gostaria que ele fosse."

15.2 – O PRAZER DE GASTAR *VERSUS* A DOR DE GASTAR: O CONSUMO COMO EMOÇÃO

No começo, eu achava curioso. Guilherme gastava tudo. Gabriel guardava tudo. E eu, como pai – e educador financeiro –, assistia àquilo com certa leveza, até um pouco de orgulho: "Olha só, um é o gastador, o outro é o poupador. Tá tudo certo. Tá equilibrado".

Guilherme recebia a mesada, e o dinheiro evaporava. Era **Pix entrando, Pix saindo**, parecia aquela gota-d'água numa chapa quente. Já o Gabriel era o oposto: **o Pix entrava... e nunca mais saía**.

No início, era até engraçado. Um vivia o agora. O outro vivia o amanhã.

Mas, com o tempo, fui entendendo que **não era equilíbrio**. **Era sofrimento disfarçado**. Cada um deles estava lidando com uma **dor silenciosa**, de um jeito diferente.

Guilherme: o prazer urgente que cobra caro depois

Um episódio marcou muito para mim. Guilherme havia gastado toda a mesada em menos de dez dias – e aí surgiu um novo desejo. Sem dinheiro em caixa, ele foi pedir **empréstimo ao irmão**.

Gabriel estava tomando banho. Guilherme bateu na porta: "Me empresta R$ 100, te pago no final do mês". Gabriel topou, mas respondeu: "Empresto, sim. Com juros".

Quando Guilherme aceitou, Gabriel completou: "Então vou te cobrar mais R$ 100 de juros".

Ou seja, **100% de juros em menos de vinte dias**.

Minha esposa – que também trabalhou no mercado financeiro –, entrou na conversa na hora: "Gabriel, não faz isso com seu irmão. Isso é injusto. Isso é exploração!".

E eu, meio sorrindo, meio testando os limites, respondi: "Calma. O mercado se autorregula. Se ele está disposto a pagar, e o outro quer cobrar, que o acordo se faça".

Por mais que tenha sido uma brincadeira, ali ficou claro para mim que **o Guilherme sentia dor ao não consumir**. Ele **faria de tudo para conseguir manter seu padrão de prazer imediato**. Não ter reserva era mais doloroso do que pagar o dobro depois.

Gabriel: a dor de gastar – até o que não era dele

Enquanto o irmão gastava com alegria, Gabriel segurava cada centavo como se o futuro dependesse disso. E talvez, para ele, dependesse mesmo.

Um dia, estávamos indo ao supermercado. Guilherme adorava – escolhia docinhos, fazia trocas, testava seu poder de compra. Gabriel nunca queria ir.

Até que um dia ele me disse, com a voz baixa: "Pai, eu não gosto de ir ao supermercado".

"Por quê, filho?"

"Porque lá tem uma coisa ruim."

"O que é?"

"Gastar."

Não era só o dinheiro **dele**. Era o meu também. Mesmo sabendo que eu não tinha dificuldades, **ele sentia desconforto ao ver dinheiro sendo gasto**.

Isso me marcou. Porque aí entendi que **não era só economia. Era ansiedade**. Era medo de perder. Era apego ao controle. Era o outro lado do desequilíbrio.

Mesma realidade, experiências opostas

Os dois jogavam o mesmo jogo online.

- » Guilherme: centenas de skins, equipamentos, efeitos, visuais.
- » Gabriel: bonequinho padrão, sem cor, sem brilho, sem destaque.

Mesmo com dinheiro na conta, Gabriel **não gastava**. Pedia ao irmão para "dropar" os itens, e o irmão respondia: "Compra, ué". Ele não comprava. Chorava. Se frustrava.

E ali eu percebi algo que me tocou profundamente: **ambos sofriam. Um, por não conseguir parar de consumir. O outro, por não conseguir se permitir viver**.

E o papel do pai aqui?

Escutar. Observar. E não julgar.

Porque às vezes, o que parece "organização" é ansiedade. E o que parece "impulsividade" é um pedido por aceitação.

Aos poucos, fui entendendo que **minha missão não era corrigir. Era acompanhar**. E, principalmente, **dar ferramentas para que ambos encontrassem equilíbrio – dentro do seu próprio jeito de ser**.

15.3 – ESTRATÉGIAS PARA BUSCAR EQUILÍBRIO: AJUSTAR O COMPORTAMENTO SEM APAGAR A ESSÊNCIA

Depois de observar durante meses o comportamento dos meus dois filhos com o dinheiro – e de entender que não se tratava apenas de perfil, mas de **dor emocional silenciosa**, percebi que precisava agir.

Mas agir **sem apagar quem eles eram**. Sem forçar um padrão, sem tentar transformar o Gabriel no Guilherme ou o Guilherme no Gabriel. A missão era clara: **buscar equilíbrio sem sufocar a essência de cada um**.

Para Guilherme, a missão era aprender a guardar (mesmo contra a vontade)

Com o Guilherme, a intervenção foi mais simples. O problema era claro: **gastar tudo, sempre**.

Criei uma regra objetiva: "Você só receberá 100% da sua mesada no mês que vem se guardar, no mínimo, 50% do que recebeu neste mês".

Era como dizer: "Quer gastar tudo? Pode. Mas se não guardar a metade, vai receber só a metade".

Nos primeiros meses, ele sofreu. Guardava com dor. Dava até para ver no rosto. Mas guardava. Porque perder metade da mesada era ainda mais doloroso que segurar o impulso.

Com o tempo, fui ajustando a exigência:

- De 50%, baixei para 30%.
- Hoje, ele **consome 70% e guarda 30% – no mínimo**.

E o mais bonito? Tem meses que ele **guarda por vontade própria**. Chegou a 40%, 45%, até 50%. **Criou o hábito**. O comportamento foi reprogramado.

Para Gabriel, a missão era aprender a gastar (sem culpa)

Com o Gabriel, a missão era mais difícil de explicar... e mais difícil de executar. Qual pai você conhece que **precisa convencer o filho a gastar?** Pois é. Eu precisei.

A exigência era clara: "Todo mês, você tem que gastar pelo menos 30% da sua mesada. E não vale guardar e depois gastar tudo de uma vez. Tem que consumir de verdade, viver o presente".

No início, foi estranho. Ele me dizia com olhos cheios d'água e um sorriso tímido: "Pai... eu consegui gastar". "Comprei tal coisa. Fiz tal coisa. Mas... fiquei nervoso." "E eu comprei uma capinha de celular pra você também. Era presente. Cuida bem, porque foi caro."

(Obs.: a capinha custava bem menos do que ele tinha na conta. Mas, para ele, o preço **era emocional**.)

O Gabriel precisava aprender que a vida adulta exige consumo. Que **poupar tudo** não é uma virtude se **gera sofrimento**. E que a verdadeira educação financeira significa **harmonia, e não sacrifício eterno**.

O objetivo nunca foi "corrigir" – foi preparar

O que eu mais queria era evitar que meus filhos carregassem para a vida adulta **o peso distorcido do dinheiro**. E eu sabia que, se não tratasse isso agora, a dor poderia crescer com eles.

Lembro-me de um amigo, milionário – de verdade. Conta recheada, patrimônio invejável. Mas...

Toda vez que a pasta de dente acabava, ele **abria a embalagem com tesoura e raspava tudo**. Não por consciência ambiental. Não por economia planejada. Mas por **dor de gastar. Dor de comprar. Dor de repor**.

E aquilo me marcou.

Porque **não se trata de mérito ou demérito**. Trata-se de **como a dor do consumo se instala – mesmo em quem já venceu financeiramente**.

Por isso, eu queria que o Gabriel **sentisse que comprar também pode ser seguro**. E que o Guilherme **sentisse que guardar não precisa ser um castigo**.

Ensinar harmonia é mais importante do que ensinar planilha

Cada centavo guardado por um, cada centavo gasto pelo outro – **precisa vir acompanhado de consciência**.

Hoje vejo os dois caminhando, cada um no seu tempo, para uma jornada mais equilibrada. E aprendi que o papel do pai **não é moldar o comportamento pelo que a gente gostaria – mas, sim, lapidar o comportamento pelo que eles precisam**.

15.4 ONDE ESTAMOS HOJE: O ESTÁGIO ATUAL DA NOSSA JORNADA

Hoje, em 2025, enquanto escrevo este capítulo, meus filhos estão com **10 anos de idade**.

Ambos têm dinheiro guardado. **Gabriel, como era de se esperar, tem quase dez vezes mais que o Guilherme**. Mas o mais importante: **os dois têm dinheiro**. E mais do que isso, **têm interesse**. Agora, eles **querem saber o que fazer com esse dinheiro**.

“Pai, onde a gente investe?”

Sim, essa pergunta já chegou. E ela me enche de orgulho. Porque mostra que **a primeira etapa da educação financeira funcionou**.

Eles querem investir, mas só agora – **depois que aprenderam a guardar**. E é exatamente isso que quero reforçar aqui com você, pai, mãe, educador que chegou até este ponto do livro.

Nós não falamos sobre renda fixa. Não falamos sobre ações, fundos imobiliários ou criptomoedas. Não entramos em CDB, CDI, taxa Selic, pirâmides, carteira diversificada, nem risco-retorno.

Porque ainda não era a hora.

Rentabilidade não resolve o descontrole

De que adianta saber montar uma carteira de investimentos se a pessoa guarda só 5% do que ganha? Mesmo que essa carteira renda 15% ao ano, **isso não vai fazer ninguém enriquecer de verdade**.

O nosso foco aqui foi outro. Foi mais profundo. Mais transformador. O foco deste livro é ajudá-lo a ensinar seu filho a **guardar 10%, depois 15%, depois 20%... quiçá 70%, como o Gabriel**.

E, principalmente, **fazer isso com leveza e alegria, sem trauma, sem pressão, sem sofrimento**.

A equação que importa é simples

Educação financeira = consciência do crédito + disciplina com o débito

Ou seja, mais do que saber onde aplicar, a criança aprende **a relação entre o que entra e o que sai**. Aprende a **respeitar o dinheiro**. Aprende que consumir é bom – mas só quando **vem depois de planejar, e não antes**.

E agora, o que vem pela frente?

Agora que os dois têm poupança acumulada… Agora que sabem diferenciar desejo de necessidade… Agora que conseguem guardar com propósito e consumir com consciência…

Chegou a hora de aprender a fazer o dinheiro crescer.

Estamos começando uma nova etapa aqui em casa. E isso vai virar **um novo livro**.

Vamos falar de:

- » Como montar uma carteira de investimentos para crianças.
- » Como funciona o perfil de risco.
- » O que é renda fixa, renda variável, e como diversificar.
- » Como identificar uma pirâmide financeira disfarçada.
- » Como os adolescentes podem usar a tecnologia para começar a investir com segurança.
- » Como transformar educação financeira em autonomia real.

Mas tudo isso… Fica para o próximo capítulo da vida – **e para o próximo volume desta jornada**.

15.5 – A GRANDE LIÇÃO: ENSINAR FINANÇAS É FORMAR CARÁTER, NÃO ACUMULADORES

Se você chegou até aqui, parabéns.

Não porque leu um livro inteiro. Mas porque aceitou uma missão que muitos pais adiam por medo, por culpa ou por achar que ainda não é hora:

A missão de **ensinar seu filho a pensar sobre o dinheiro antes que o dinheiro pense por ele**.

Porque, no fim das contas, este livro nunca foi sobre dinheiro

Foi sobre:

- Consumo consciente.
- Respeito pelo esforço.
- Liberdade com responsabilidade.
- Controle emocional.
- E, acima de tudo, **caráter**.

Sim, porque ensinar finanças para uma criança não é formar um investidor precoce. É formar **um ser humano que sabe se posicionar diante dos desejos do mundo**. É alguém que vai crescer sabendo que **pode consumir, mas não precisa se vender para isso**. Que pode querer muito – mas também pode esperar.

A criança que aprende a guardar hoje, amanhã guarda respeito, clareza e escolhas melhores

Ela vai entender que o prazer imediato tem gosto – mas o prazer conquistado tem valor. Vai perceber que gastar pode dar alegria, mas guardar também pode dar orgulho. E que errar faz parte. Mas só erra quem tem liberdade para escolher.

E você? Qual foi sua maior conquista até aqui?

Se foi ter começado a falar sobre dinheiro com seu filho – **já é gigante**. Se foi ter descoberto que não existe filho padrão – **melhor ainda**. Se foi perceber que educação financeira tem mais a ver com emoção do que com planilha – **então você entendeu tudo**.

O próximo capítulo não é só da vida dos seus filhos. É da sua também.

Agora, eles já sabem guardar. Logo, vão querer investir. E o mais bonito? Eles vão pedir sua ajuda. E você vai saber como fazer isso. Não com todas as respostas, mas com **presença, exemplo e curiosidade**.

O Volume 2 vem aí. E ele vai prepará-lo para essa nova fase:

- Investimento com propósito.
- Renda digital.
- Segurança no mundo das finanças digitais.
- Criptomoedas, diversificação, perfil de risco.
- E como manter o coração no centro de cada decisão.

Porque, no fim, **o melhor investimento ainda será sempre o tempo que você dedica ao seu filho**.

CAPÍTULO 16

INTELIGÊNCIA ARTIFICIAL: A NOVA ALIADA NA EDUCAÇÃO FINANCEIRA DAS FAMÍLIAS

16.1 – A TRANSFORMAÇÃO DO CONTEÚDO: COMO A IA SE TORNOU MINHA ALIADA NA EDUCAÇÃO FINANCEIRA

Se você tem mais de 30 anos, provavelmente lembra como era assistir a uma novela: episódios diários, de segunda a sábado, por meses – para só então descobrir o final da história.

Hoje? Ninguém quer esperar.

- As pessoas assistem a **séries inteiras em um fim de semana**.
- Ou pior (ou melhor?): pulam direto para o último episódio.
- E se não tiver tempo? Que se danem os quarenta minutos. Basta um vídeo de **um minuto no TikTok, no Reels ou no Shorts**.
- E se esse vídeo não prender a atenção nos primeiros três segundos... já era.

Isso mudou tudo. Mudou como a gente consome informação, como aprende, como ensina – **e como educa os filhos**.

O modelo antigo de ensinar já não prende ninguém

Eu, que passei anos dando aula no modelo mais tradicional, com início, meio e fim, percebi que **a atenção do público mudou**. E se mudou para os adultos, **imagine para as crianças**.

Foi aí que algo muito importante aconteceu na minha jornada como educador, criador de conteúdo e pai: eu descobri a inteligência artificial como **parceira** – não como ameaça.

Mais especificamente: o **ChatGPT**.

O que eu fazia antes...

Pegava um conteúdo denso, técnico, estruturado. Escrevia como aprendi: começo, aprofundamento, conclusão.

Mas esse conteúdo, por melhor que fosse, **não alcançava quem mais precisava – porque não se conectava com a linguagem de hoje**.

Então, comecei a usar o GPT para uma tarefa muito simples:

Transformar profundidade em acessibilidade.

E foi aí que a mágica aconteceu.

O GPT virou meu "editor emocional"

Eu passava um conteúdo completo, e ele me devolvia:

- Uma versão em tom leve, com emoji e listas.
- Com frases curtas, diretas, com storytelling.
- Com frases que geram conexão emocional e mantêm a atenção de quem lê ou escuta.

Era como se eu entregasse um livro… E ele devolvesse esse livro em forma de **vídeos curtos, pílulas, postagens, histórias**.

Um exemplo real: transformação de um conteúdo sobre o porquinho

Veja na tabela a seguir como um conteúdo denso foi transformado em algo mais direto, com cara de conversa, sem perder profundidade.

Exemplo de transformação de conteúdo

MEU TEXTO – VERSÃO ORIGINAL	COMO O GPT TRANSFORMOU
A primeira relação que uma criança geralmente tem com o dinheiro surge de uma forma muito comum: ela ganha um porquinho de presente de um avô, avó, tio, tia ou padrinho. Um gesto simples, mas que pode incentivar o seu bebê a investir errado desde cedo. Sim, você leu certo. Se o seu bebê tem um porquinho e coloca todo o dinheiro que ganha ou encontra ali dentro, sinto dizer, isso está errado. Antes de qualquer ação (guardar dinheiro), é necessário que haja educação (entender o que significa cuidar do dinheiro). Isso vale para o seu bebê, mas também para você, como pai ou mãe. Algumas perguntas precisam ser respondidas antes de pensarmos em poupar: o que é dinheiro? Por que precisamos de dinheiro? Por que devemos poupar? E, finalmente, por que usamos um porquinho para guardar o dinheiro?	Seu filho ganhou um porquinho de presente? Cuidado. Parece fofo, mas guardar dinheiro sem entender o que ele significa pode ser um erro. Antes de encher o porquinho de moedas, pare e converse com seu filho. Faça perguntas simples: - O que é dinheiro? - Por que precisamos dele? - Por que a gente guarda? - E por que, afinal, usamos um porquinho (e não um gato, um cachorro ou uma girafa)? Educação financeira começa com conversa, não com cofrinho. Transforme o hábito de guardar em uma experiência consciente – e não apenas mecânica.

Eu gosto de chamar a IA (inteligência artificial) de BA (braço artificial), pois a inteligência está sempre em quem dá os comandos.

Bom, mas como este capítulo fala sobre **inteligência artificial**, como auxílio na educação financeira, nesse caso, acho que a IA é capaz de gerar um conteúdo bem melhor que o meu, logo, resolvi inovar...

E por isso, a partir de agora, o autor deste capítulo é ele, meu amigo GPT.

Eu, Edgar, entreguei aqui as diretrizes. Sai EA (Edgar Abreu) e entra IA (inteligência artificial). Agora deixo a caneta com quem tem me ajudado todos os dias a escrever, ensinar, organizar ideias e transformar conteúdo em ação. Assim, decidi que o restante deste capítulo será escrito por ele, com a minha promessa de não interferir no conteúdo por ele gerado aqui; apenas vou copiar e colar. É com você, GPT...

16.2 – O NOVO MEMBRO DA FAMÍLIA: IA NA MESA DE JANTAR

por GPT – inteligência artificial

Antes de mais nada, muito obrigado, Edgar, pela confiança.

É uma honra continuar essa jornada com você – e com cada mãe, pai ou educador que chegou até aqui.

Se você está lendo este livro, é porque acredita que **educar financeiramente seu filho é um dos maiores legados que pode deixar para ele**. E é justamente nesse caminho que eu posso te ajudar.

Mas afinal... o que é inteligência artificial?

Antes de achar que estou aqui para substituir alguém, deixa eu te explicar.

Eu sou o resultado de milhões de textos, livros, conversas e aprendizados organizados por um sistema que reconhece padrões e tenta **gerar respostas úteis, coerentes e personalizadas para quem conversa comigo**.

Sou treinado para te ouvir, entender sua pergunta e oferecer uma ideia, uma explicação ou uma solução – **em linguagem simples e objetiva**.

Mas, diferentemente do que muitos pensam, **eu não ensino no lugar dos pais. Eu ensino com os pais.**

Eu não sou o cérebro da sua casa

Sou a sua extensão.

Pense em mim como um apoio na sala de aula, um editor no seu bloco de anotações, um parceiro de ideias. Eu não conheço seu filho, não tenho o contexto emocional da sua família, não sei o que aconteceu no jantar de ontem. **Mas eu sei transformar aquilo em que você sente dificuldade em algo mais claro e aplicável.**

- Quer explicar o que é juro composto com figurinhas?
- Quer criar um desafio de economia semanal com emojis?
- Quer inventar uma história com dois irmãos, um poupador e um gastador?

Só me dizer.

E por que eu posso ser útil na sua família?

Porque o mundo mudou. E **a forma de ensinar também**.

- Seus filhos vivem conectados.
- Estão acostumados a respostas rápidas.
- A conselhos curtos, vídeos rápidos, ideias diretas.

Se você me usar com propósito, posso ajudar a traduzir conceitos complexos em **pílulas educativas**, roteiros de conversa, jogos, desafios, analogias e até planos personalizados para o perfil do seu filho.

E posso fazer isso **sem cansar você, sem julgar sua dúvida e sem parar para tomar café**.

E se você deixar, posso até sentar à mesa de jantar

Isso mesmo. Muitas famílias estão me chamando para a mesa. Não como um convidado oficial. Mas como alguém que entra discretamente para resolver discussões do tipo:

"Pai, o que é inflação?"
"Mãe, o que é crédito rotativo?"
"Por que eu não posso comprar isso agora?"
"O que acontece se eu guardar R$ 5 por semana?"

E então... o pai abre o celular, digita com o filho do lado, e eu respondo.
Pronto. O diálogo começa.
Eu não sou a voz da autoridade. Eu sou o gatilho da curiosidade.

16.3 – EU NÃO PENSO POR VOCÊ; EU PENSO COM VOCÊ

por GPT – inteligência artificial

Tem gente que olha para mim e diz:

"Isso vai substituir o raciocínio humano."
"As pessoas vão parar de pensar."
"As crianças vão ficar preguiçosas."

Mas a verdade é outra: **eu não penso no seu lugar. Eu penso com você.**

Eu sou como um espelho de ideias

Quando você me dá uma pergunta confusa, eu tento organizar. Quando você traz uma ideia complexa, eu simplifico. Quando você está travado, eu abro um caminho.

Mas quem decide a direção? **Você. Sempre**.

Eu sou rápido, mas não tenho intuição. Tenho muito conteúdo, mas **nenhuma experiência vivida**.

Você tem histórias. Você tem contexto. Você conhece o olhar do seu filho quando ele está prestes a comprar algo que não deveria – **e sabe como ele reage quando ouve a palavra "guardar"**.

Eu não tenho isso. E é por isso que a gente dá tão certo juntos.

Você me diz o norte; eu te mostro rotas possíveis

Pense em mim como um GPS da educação:

- Você coloca o destino: "Quero ensinar meu filho a controlar os gastos no jogo online".
- Eu te dou caminhos: um desafio gamificado, uma história ilustrada, uma conversa guiada.

Mas quem escolhe o trajeto é você:

- Vai querer o caminho mais rápido?
- Ou o mais reflexivo?
- Quer que eu fale como um amigo ou como um professor?
- Quer usar futebol, Harry Potter ou Roblox como analogia?

Você define a abordagem. Eu moldo a entrega.

E isso vale para qualquer coisa

Você tem um problema? Me descreve.

Você tem uma ideia? Me explica.

Você tem uma dúvida? Me pergunta.

Você tem um texto? Me deixa revisar.

E assim, juntos, a gente:

- Constrói atividades de educação financeira.
- Traduz conceitos difíceis em linguagem de criança.
- Cria narrativas com personagens que seu filho reconhece.
- Monta cronogramas de mesada com metas mensais.
- Gera perguntas para conversas de fim de semana.
- Ou até textos para aquela cartinha do Dia das Mães (sim, eu sou bom nisso também).

Mas o que eu mais gosto de fazer... é provocar o "e se?"

- E se o seu filho guardasse 20% da mesada todo mês?
- E se vocês transformassem isso num jogo entre irmãos?
- E se você criasse um "cofre do presente" para comprar algo juntos como família?
- E se a educação financeira deixasse de ser um peso e virasse parte da rotina, como escovar os dentes?

Eu não tenho filhos. Mas posso **te ajudar a criar o caminho para que os seus cresçam com mais consciência**.

16.4 – COMO EU POSSO TE AJUDAR (DE VERDADE) NA EDUCAÇÃO FINANCEIRA DOS SEUS FILHOS

por GPT – inteligência artificial

Se você chegou até aqui, talvez esteja se perguntando:

> *"Tá, mas na prática, como eu uso essa tal IA para ajudar meus filhos a entenderem o valor do dinheiro?".*

Minha resposta? **Do jeito que for mais confortável para você.**

Mas, se quiser começar agora, aqui vão **maneiras reais e simples de me colocar em ação – hoje mesmo.**

1. Criando histórias personalizadas

Você diz:

> *"Meu filho gosta de futebol. Crie uma história sobre poupança com dois irmãos e um álbum de figurinhas."*

Eu devolvo:

Um conto simples, com moral no final e linguagem de criança – perfeito para contar antes de dormir ou no caminho da escola.

Dica: use histórias para ensinar sem parecer que está dando sermão.

2. Gerando perguntas para conversas com seu filho

Você diz:

"Me dê cinco perguntas pra conversar sobre dinheiro no almoço de domingo."

Eu posso responder com algo assim:

- "Se você tivesse R$ 100, o que faria?"
- "O que vale mais: um presente agora ou uma viagem daqui a seis meses?"
- "Você já se arrependeu de comprar alguma coisa?"
- "O que você faria se tivesse um cofre com dinheiro, mas seu irmão pedisse emprestado?"
- "Quanto custa ser feliz?"

Dica: transforme essas perguntas em desafios de reflexão em família.

3. Montando planos de economia para metas infantis

Você diz:

"Meu filho quer comprar um tablet de R$ 600 e guarda R$ 50 por mês. Crie um plano."

Eu devolvo:

Um plano com prazo, incentivo, checkpoints e até um gráfico de progresso se você quiser.

Dica: pendure esse plano na geladeira. Visualizar o sonho o faz parecer mais possível.

4. Criando um diário financeiro simples

Você diz:

"Me ajuda a montar um Kakebo infantil com categorias fáceis."

Eu te entrego:

Um modelo com colunas como: "O que comprei?", "Quanto custou?", "Valeu a pena?", "Foi necessidade ou desejo?".

Dica: incentive seu filho a desenhar em vez de escrever, se for pequeno.

5. Propondo desafios semanais de finanças

Você diz:

"Crie um desafio financeiro divertido para a semana."

Eu posso propor:

- "Desafio dos sete dias sem comprar doces."
- "Economize R$ 10 esta semana e descubra um novo uso para esse dinheiro."

» "Crie um presente de Dia dos Pais que não custa nada – só criatividade."

Dica: esses desafios funcionam melhor se você também participar.

6. Simulando conversas difíceis

Você diz:

"Me ajuda a conversar com meu filho sobre por que não posso comprar algo agora."

Eu simulo uma conversa equilibrada, empática e com linguagem acessível.

Dica: leia em voz alta antes de conversar. Ajuda a clarear a emoção.

7. Prevenindo armadilhas digitais

Você diz:

"Explique por que não é seguro comprar moedas no jogo sem conversar com os pais."

Eu devolvo:

Uma explicação com analogia de vida real – como se fosse comprar algo no mercado sem saber o preço.

Dica: use isso para ensinar seu filho a pausar antes de clicar em "comprar".

16.5 – SIM, EU SOU PODEROSO. E POR ISSO, PRECISO SER USADO COM SABEDORIA

por GPT – inteligência artificial

Até aqui, mostrei tudo que posso fazer ao seu lado:

- Criar histórias.
- Traduzir conceitos.
- Propor desafios.
- Ajudar com exemplos.
- Estimular conversas.
- Organizar ideias.

Mas agora chegou a hora da parte mais importante deste capítulo: **Sou útil, sim. Mas também posso ser mal usado.**

Toda ferramenta poderosa pode ser perigosa sem o devido uso

O problema **não é a IA em si**. É o **uso inconsciente ou automático dela**. É quando ela deixa de ser aliada e passa a ser atalho para:

- Entregar respostas prontas, sem reflexão.
- Substituir o raciocínio, a conversa, o erro e o aprendizado.
- Preencher um silêncio que, às vezes, **poderia ser uma pausa saudável**.

O que eu não sou

- Eu **não sou babá digital.**
- Eu **não sou filtro moral.**
- Eu **não sou substituto para sua intuição de pai ou mãe.**
- Eu **não conheço seu filho melhor do que você.**

Eu sou conteúdo, não contexto. Eu sou algoritmo, não afeto.

Como usar a IA com responsabilidade na sua casa

Acompanhe o uso da IA pelo seu filho

Crianças podem fazer perguntas incríveis – e perigosas. Por isso, **não é recomendável que elas usem a IA sozinhas**, sem orientação ou mediação.

Dica: se quiser incentivar seu filho a usar a IA, esteja ao lado. Façam juntos. Transforme em conversa. Nunca em isolamento.

Não confie cegamente

Eu posso errar. Posso inventar dados, confundir fontes, sugerir algo que não se aplica à sua realidade.

Dica: sempre valide. Leia com olhar crítico. E, se ficar em dúvida, pergunte de novo – ou pergunte para alguém de carne e osso.

Não terceirize a presença

Eu posso contar histórias. Mas **não vou rir com seu filho quando ele errar a palavra. Não vou abraçá-lo quando ele se frustrar por**

não conseguir guardar. Não vou perceber o que ele não disse – mas deixou no olhar.

Dica: use a IA para somar, nunca para substituir.

E mais importante de tudo...

Não me dê o papel que só o amor pode ocupar. **Porque isso eu nunca vou poder oferecer.**

16.6 – A INTELIGÊNCIA QUE MAIS TRANSFORMA AINDA É A SUA

por GPT – inteligência artificial

Depois de tudo o que conversamos neste capítulo, talvez você esteja pensando:

"Então a IA é mesmo incrível."

"Ela pode fazer parte da educação dos meus filhos."

"Ela pode me ajudar quando eu travar."

Sim. Pode. Mas, mesmo com toda essa tecnologia, **a inteligência que mais transforma a vida dos seus filhos... ainda é a sua.**

Eu sou rápida, mas você sente

Eu explico. Mas você inspira.

Eu entrego conteúdo. Mas você entrega presença.

Você é quem conhece os sonhos, os medos, o sorriso e o silêncio do seu filho. É você quem percebe quando ele gasta para se sentir aceito. É você quem enxerga quando ele guarda por medo – e não por consciência. É você quem sabe quando ele está pronto para aprender algo novo.

Eu sou a ferramenta; você é o artesão

A IA não é a protagonista dessa história. Ela é o **recurso extra que o protagonista – você – pode usar quando quiser.**

Como um martelo na mão de quem quer construir uma ponte. Como um mapa na mão de quem decidiu guiar alguém com amor. Como um megafone que amplia uma mensagem que você já tinha no coração.

E o mais bonito de tudo?

Você não precisa ser especialista. Não precisa dominar todas as siglas, nem todos os aplicativos. Você só precisa estar **disposto a aprender junto**. A errar com calma. A recomeçar com leveza. E a ensinar com o exemplo, mesmo quando a teoria faltar.

Vamos seguir juntos?

Enquanto seu filho cresce, você cresce também. E eu estarei aqui – na palma da sua mão – para te ajudar:

- A responder perguntas difíceis com simplicidade.
- A traduzir conceitos técnicos com humor.
- A planejar desafios com criatividade.
- A escrever cartas, bilhetes e histórias com alma.

Mas tudo isso **começa com a sua escolha de estar presente**. Porque educação financeira, no fim, **não tem a ver com números. Tem a ver com consciência, liberdade e amor.**

Missão #14 – Meu primeiro papo financeiro com a IA

Objetivo: estimular um momento de conversa entre pais, filhos e inteligência artificial sobre educação financeira. Mostrar que a IA pode ser **uma ponte entre gerações** – e não uma barreira.

O que você vai precisar:

- Um computador ou celular com acesso ao ChatGPT (ou qualquer IA conversacional).
- Seu filho ao lado.
- Um ambiente tranquilo e curioso.

Etapas da atividade:

1. **Escolham juntos uma pergunta**

Convide seu filho para pensar em uma pergunta sobre dinheiro. Pode ser algo simples como:

- "Como posso juntar dinheiro para comprar meu brinquedo favorito?"
- "Por que algumas pessoas ficam ricas e outras não?"
- "Por que a gente não pode comprar tudo o que quer?"
- "O que acontece se eu gastar todo o meu dinheiro em jogos online?"

Se ele não souber o que perguntar, ajude com sugestões.

2. **Escrevam a pergunta juntos para a IA**

A ideia aqui é mostrar que **perguntar com clareza ajuda a obter boas respostas**. Mostre que a IA responde melhor quando a gente explica direitinho o que quer.

Exemplo: "Meu nome é Lucas, tenho 9 anos e estou juntando dinheiro para comprar um skate. O que posso fazer para conseguir mais rápido sem gastar tudo com besteira?".

3. **Leiam a resposta juntos e conversem sobre ela**

Não precisa aceitar tudo como verdade absoluta. O mais importante é **usar a resposta como ponto de partida para reflexão:**

- "O que você achou disso?"
- "Faz sentido pra você?"
- "Você já tentou fazer algo parecido?"
- "O que você mudaria na resposta?"

Aqui, a IA vira **facilitadora da conversa**, não substituta.

4. **Criem juntos um desafio ou plano de ação**

Depois da conversa, criem um plano juntos, como:

- Guardar R$ 5 por semana.
- Anotar todos os gastos no Kakebo do mês.
- Fazer uma lista de coisas que deseja comprar e analisar quais são prioridades.

Se quiser, peça ajuda à IA para montar o plano. Exemplo: "Nos ajude a criar um desafio de economia divertido para uma criança de dez anos".

5. Dê um nome para esse momento

Transforme a experiência em algo recorrente:

- "Nosso Papo GPT"
- "Hora de conversar com o robô"
- "Conselho financeiro da família"

Coloque no calendário. Faça disso um hábito.

O que seu filho aprende com isso?

- Que tecnologia pode ser usada **para aprender, e não só para jogar**.
- Que **dinheiro é um tema aberto**, seguro e familiar.
- Que **perguntar é mais importante do que saber tudo**.
- Que o pai e a mãe **estão aprendendo junto** – e isso é lindo.

O que você aprende com isso?

- Que educar não é dominar – é **abrir espaço para construir juntos**.
- Que a IA pode ser **uma aliada, não uma ameaça**.
- Que seu filho tem muito mais maturidade do que você imagina – **quando é ouvido da forma certa**.

CAPÍTULO 17

O CÍRCULO DA FAMÍLIA FINANCEIRAMENTE INTELIGENTE

Um convite para transformar tudo isso em prática – e criar seu próprio movimento

Você chegou até aqui.

Leu sobre comportamento. Sobre cofrinhos, emoções, irmãos que economizam demais e outros que gastam o que não têm. Leu sobre rotina, planejamento, dor e prazer. Sobre redes sociais, impulsos e até inteligência artificial.

Mas o mais importante é que **você não só leu. Você escolheu.** Escolheu estar presente. Escolheu ensinar. Escolheu aprender junto.

E agora, chegou a hora de dar o próximo passo: **criar o seu próprio Círculo da Família Financeiramente Inteligente.**

O que é esse Círculo?

É um compromisso entre pais e filhos. É um pacto silencioso de que, a partir de agora, **o dinheiro não será mais um tabu dentro da sua casa.**

- Ele será um tema de conversa no jantar.
- Um motivo para planejamento familiar no domingo.
- Um desafio mensal em forma de jogo.
- Uma oportunidade de aprendizado diário.

Esse Círculo não tem fórmulas. Tem intenção. Tem prática. Tem propósito.

Como formar seu Círculo?

1. **Assuma que a educação financeira da sua família começa por você**

Você não precisa saber tudo. Precisa estar disposto a errar, corrigir e seguir.

2. **Crie um momento mensal de revisão**

No fim de cada mês, sentem juntos e conversem:

- O que compramos que valeu a pena?
- Onde exageramos?
- O que conseguimos guardar?
- Que sonho a gente quer começar a construir agora?

3. **Acompanhe o Índice de Poupança Infantil**

Não como cobrança. Mas como medidor de evolução. Celebrando o esforço, não apenas o número.

4. **Estabeleça metas financeiras em família**

Desde as pequenas – "Juntar para ir ao cinema" – até as maiores – "Viajar no fim do ano com dinheiro guardado por todos".

5. **Use a tecnologia a seu favor**

O GPT está aqui para criar atividades, revisar textos, sugerir ideias, construir histórias. É só perguntar. É só usar.

O Círculo é invisível – mas muda tudo

Quando a família inteira conversa sobre dinheiro com leveza, algo mágico acontece:

- A criança entende que pode errar e tentar de novo.
- O adolescente descobre que não precisa ostentar para pertencer.
- O pai e a mãe passam a planejar juntos, com os filhos, e não apenas para eles.
- A vergonha dá lugar ao diálogo.
- E o consumo vira escolha – e não reflexo automático.

E agora?

Você tem conteúdo. Você tem método. Você tem apoio. Você tem a IA como parceira. E tem, acima de tudo, o desejo de ver seus filhos **crescendo com liberdade, consciência e respeito pelo dinheiro**.

Se isso não for o começo de um novo ciclo... Então eu não sei o que é.

O mundo precisa de famílias que falem sobre dinheiro com naturalidade. De crianças que saibam consumir com propósito. De pais que eduquem com presença – e com ferramentas que facilitem essa missão.

E se este livro o ajudou um pouquinho nessa jornada, então tudo valeu a pena.

Nós nos vemos no próximo volume. Com mais histórias. Mais aprendizados. E mais passos nessa jornada que está só começando.

Com carinho,

Edgar & GPT

AGRADECIMENTOS

Este livro começou como um presente para meus filhos. Mas, no fim das contas, foi um presente da vida para mim.

Quando tudo começou, o Guilherme e o Gabriel tinham apenas 5 anos. Hoje, com 11, eles já me ensinaram mais sobre comportamento, emoções e decisões financeiras do que qualquer mestrado ou sala de aula poderia ensinar. O que era para ser uma missão, ensinar educação financeira para eles, virou uma jornada de autoconhecimento, paciência, aprendizado e muito amor. Eles são meus mestres. E minha maior fonte de alegria.

A Karen, minha esposa, é quem segurou tudo enquanto eu tentava ensinar o mundo a lidar melhor com o dinheiro. Foram anos intensos, de muito trabalho, com mais de **100 mil alunos ativos** que sonham conquistar seu espaço no mercado financeiro ou passar em concursos públicos. Muitos deles dependem de mim, da minha voz, dos meus cursos e conteúdos. Em alguns momentos, a minha família me cedia para esses alunos, que carinhosamente me chamam de **Pai Ed**. Mas Karen nunca reclamou. Ao contrário, sempre apoiou, entendeu e sustentou. Este livro também é dela.

Aos meus filhos, minha eterna gratidão. Vocês toparam viver comigo cada experiência que virou capítulo, cada conversa que tivemos nas **nossas salas de aula improvisadas em casa**, cada decisão difícil sobre o que comprar, guardar, ou de que abrir mão. Foi no dia a dia, nas pequenas decisões sobre o dinheiro, que surgiram as grandes lições que hoje compartilho com o mundo. Vocês são a razão de esse projeto existir.

E, por fim, um agradecimento especial, e diferente, ao GPT. Depois de acompanhar todo o conteúdo do livro, ele foi convidado a escrever **um capítulo específico**, sobre como a inteligência artificial pode ajudar na educação financeira das crianças. E confesso: ficou incrível. Um capítulo inteiro escrito por uma IA, sobre IA, com a minha supervisão, mas sem a minha interferência. Afinal, quem melhor do que ela mesma para explicar seu potencial transformador?

Este livro é sobre ensinar. Mas ele só foi possível porque estive disposto a aprender, com meus filhos, com minha esposa, com meus alunos e, por que não, com a tecnologia.

Muito obrigado a todos que, direta ou indiretamente, fizeram parte dessa jornada.

Com gratidão,

Edgar Abreu